Coleção Eu gosto m@is

LÍNGUA PORTUGUESA

CÉLIA PASSOS

Cursou Pedagogia na Faculdade de Ciências Humanas de Olinda, PE, com licenciaturas em Educação Especial e Orientação Educacional. Professora do Ensino Fundamental e Médio (Magistério), coordenadora escolar e autora de materiais didáticos.

ZENEIDE SILVA

Cursou Pedagogia na Universidade Católica de Pernambuco, com licenciatura em Supervisão Escolar. Pós-graduada em Literatura Infantil. Mestra em Formação de Educador pela Universidade Isla, Vila de Nova Gaia, Portugal. Formação em *coaching*. Professora do Ensino Fundamental, supervisora escolar e autora de materiais didáticos e paradidáticos.

5ª edição
São Paulo
2022

5.º ANO
ENSINO FUNDAMENTAL

IBEP

Coleção Eu Gosto Mais
Língua Portuguesa 5º ano
© IBEP, 2022

Diretor superintendente	Jorge Yunes
Diretora adjunta editorial	Célia de Assis
Coordenadora editorial	Viviane Mendes
Editor	RAF Editoria e Serviços
Assistente editorial	Isabelle Ferreira, Isis Lira
Revisores	RAF Editoria e Serviços
Secretaria editorial e processos	Elza Mizue Hata Fujihara
Assistentes de iconografia	RAF Editoria e Serviços
Ilustração	Carlos Jorge Nunes, Imaginario Studio, José Luis Juhas/Illustra Cartoon,
Produção editorial	Marcelo Ribeiro
Projeto gráfico e capa	Aline Benitez
Diagramação	Nany Produções Gráficas

Dados Internacionais de Catalogação na Publicação (CIP) de acordo com ISBD

P289e   Passos, Célia

        Eu gosto mais Língua Portuguesa 5º ano / Célia Passos, Zeneide Silva. - 5. ed. - São Paulo : IBEP - Instituto Brasileiro de Edições Pedagógicas, 2023.
        312 p. : il. ; 20,5 cm x 27,5 cm.

Inclui índice e bibliografia.
ISBN: 978-65-5696-262-7 (aluno)
ISBN: 978-65-5696-263-4 (professor)

        1. Ensino Fundamental Anos Iniciais. 2. Livro didático. 3. Português. I. Silva, Zeneide. II. Título.

2022-2705   CDD 372.07
                                                                 CDU 372.4

Elaborado por Odilio Hilario Moreira Junior - CRB-8/9949

Índice para catálogo sistemático:
1. Educação - Ensino fundamental: Livro didático 372.07
2. Educação - Ensino fundamental: Livro didático 372.4

5ª edição – São Paulo – 2022
Todos os direitos reservados

IBEP

Rua Agostinho de Azevedo, S/N – Jardim Boa Vista
São Paulo/SP – Brasil – 05583-0140
Tel.: (11) 2799-7799 – www.editoraibep.com.br/

Gráfica Impress - Outubro 2022

APRESENTAÇÃO

Querido aluno, querida aluna,

Ao elaborar esta coleção, pensamos muito em vocês.

Queremos que esta obra possa acompanhá-los em seu processo de aprendizagem pelo conteúdo atualizado e estimulante que apresenta e pelas propostas de atividades interessantes e bem ilustradas.

Nosso objetivo é que as lições e as atividades possam fazer vocês ampliarem seus conhecimentos e suas habilidades nessa fase de desenvolvimento da vida escolar.

Por meio do conhecimento, podemos contribuir para a construção de uma sociedade mais justa e fraterna: esse é também nosso objetivo ao elaborar esta coleção.

Um grande abraço,

As autoras

SUMÁRIO

LIÇÃO

1 Classificados poéticos
- **Vamos começar!** – "Classificados e nem tanto" (poema) 8
- Estudo do texto 9
- **Estudo da língua**
  Fonemas e letras 12
  Encontro vocálico 13
  Vogal e semivogal 14
  Encontro consonantal 16
  Dígrafo 17
  Ortografia – Uso de **h** inicial 19
- **Um texto puxa outro** – "Paz Pela Paz" (letra de canção) 20
- **Produção de texto** – Classificados poéticos 21
- **Ampliando o vocabulário** 25
- **Leia mais** 27

2 O papagaio do navio
- **Vamos começar!** – "O papagaio do navio" (anedota) 28
- Estudo do texto 29
- **Estudo da língua**
  Acentuação gráfica: oxítonas, paroxítonas e proparoxítonas 33
  Substantivo comum, substantivo próprio e substantivo coletivo 35
  Artigo definido e artigo indefinido 37
  Ortografia – Emprego de **m** ou **n** 39
- **Produção de texto** – Anedota 40
- **Ampliando o vocabulário** 41
- **Leia mais** 41

3 A mosca
- **Vamos começar!** – "A mosca" (conto popular) 42
- Estudo do texto 43
- **Estudo da língua**
  Gênero do substantivo 46
  Substantivo comum de dois gêneros 47
  Substantivo sobrecomum 47
  Substantivo epiceno 48
  Ortografia – Palavras com **x** e **ch** 50
- **Um texto puxa outro** – Tirinha 52
- **Produção de texto** – Tirinha a partir de conto 53
- **Ampliando o vocabulário** 55
- **Leia mais** 57

4 Mensagem instantânea via aplicativo
- **Vamos começar!** – Conversa pelo celular 58
- Estudo do texto 59
- **Estudo da língua**
  Substantivo simples e substantivo composto 62
  Número do substantivo 64
  Plural dos substantivos compostos 65
  Ortografia
  Palavras com **gua, guo, gue, gui** 70
  Palavras com **qua, que, qui** 71
- **Um texto puxa outro** – Rã Zinza e as mensagens de bom dia (HQ) 73
- **Eu gosto de aprender mais** 76
- **Produção de texto** – *E-mail* 78
- **Ampliando o vocabulário** 80
- **Leia mais** 80
- **Organizando conhecimentos** 81

LIÇÃO

5 **Futebolíada**
- **Vamos começar!** – "Futebolíada" (resenha) 84
- **Estudo do texto** 85
- **Eu gosto de aprender mais** 89
- **Estudo da língua**
  Substantivo primitivo e substantivo derivado 91
  Derivação e composição 93
  Substantivo concreto e substantivo abstrato 96
  Grau do substantivo 98
  Ortografia – Palavras com **li** e **lh** 102
- **Um texto puxa outro** – "Minha visita à Troia, a lendária cidade que foi invadida pelos gregos" (relato de viagem) 104
- **Produção de texto** – Resenha de livro 107
- **Ampliando o vocabulário** 110
- **Leia mais** 111

6 **Por que o Sol e a Lua foram morar no céu**
- **Vamos começar!** – "Por que o Sol e a Lua foram morar no céu" (conto) 112
- **Estudo do texto** 114
- **Estudo da língua**
  Adjetivo 116
  Grau do adjetivo 117
  Discurso direto e discurso indireto 122
  Ortografia
  Palavras com **g** e **j** 124
  Palavras com **r** e **rr** 126
- **Um texto puxa outro** – "Se a Lua está sempre inteira no espaço, como é que nem sempre é Lua cheia?" (texto de divulgação científica) .. 127
- **Eu gosto de aprender mais** 129
- **Produção de texto** – Conto 130
- **Ampliando o vocabulário** 132
- **Leia mais** 133

7 **Um jogo muito antigo**
- **Vamos começar!** – "Dominó" (regra de jogo) 134
- **Estudo do texto** 136
- **Estudo da língua**
  Verbos 138
  Pessoas do verbo 138
  Tempos do verbo 139
  Modos do verbo 139
  Formas nominais do verbo 139
  Ortografia
  Verbos terminados em **-ram** e **-rão** 145
  Uso de **tem** ou **têm** 146
- **Um texto puxa outro** – "O baú de surpresas" (cordel) 147
- **Produção de texto** – Texto instrucional 149
- **Ampliando o vocabulário** 149
- **Leia mais** 151

8 **Cuide do seu amigo!**
- **Vamos começar!** – "Dia D: campanha de vacinação antirrábica" (cartaz de campanha) 152
- **Estudo do texto** 153
- **Estudo da língua**
  Pronomes pessoais retos, oblíquos e de tratamento 156
  Colocação pronominal 160
  Pronomes possessivos, demonstrativos e indefinidos 163
  Ortografia
  Uso de **a gente** e **agente** 167
  Palavras com **-inho(a)** e **-zinho(a)** 168
- **Um texto puxa outro** – "Obesidade canina: como reconhecer e ajudar seu *pet*?" (texto de divulgação científica) 169
- **Eu gosto de aprender mais** 173
- **Produção de texto** – Debate 175
- **Ampliando o vocabulário** 176
- **Leia mais** 176
- **Organizando conhecimentos** 177

LIÇÃO

9 **Fauna**
- Vamos começar! – "Fauna" (cordel) 182
- Estudo do texto 183
- Estudo da língua
  Advérbio 185
  Graus do advérbio 188
  Ortografia
  Uso de **traz** e **atrás** 190
  Emprego de **mal, mau, mais** e **mas** 192
- Um texto puxa outro – "Avestruz" (verbete de enciclopédia) 194
- Produção de texto – Recital 196
- Ampliando o vocabulário 197
- Leia mais 197

10 **O censo da floresta**
- Vamos começar! – "O censo da floresta" (artigo de divulgação científica) 198
- Estudo do texto 200
- Estudo da língua
  Numeral 202
  Ortografia
  Uso de **meio** ou **meia** 206
  Palavras com **s** (inicial), **ss** (dígrafo), **s** (com som de **z**) 207
- Um texto puxa outro – Charge 208
- Produção de texto – Artigo de divulgação científica 209
- Ampliando o vocabulário 210
- Leia mais 211

11 **No mundo dos contos**
- Vamos começar! – "Cachinhos Dourados" (conto maravilhoso) 212
- Estudo do texto 213
- Eu gosto de aprender mais 214
- Estudo da língua
  Preposição 215
  Ortografia
  Palavras terminadas com **-ez** e **-eza** 218
  Sufixos **-eza** e **-esa** 220
- Um texto puxa outro – "A outra história de Cachinhos Dourados"
  (capa de livro) 222
- Produção de texto – Conto de fadas (reconto) 223
- Ampliando o vocabulário 224
- Leia mais 225

12 **A criação do mundo**
- Vamos começar! – "A criação do mundo" (lenda) 226
- Estudo do texto 228
- Estudo da língua – Pontuação 231
  Ortografia
  Uso de **onde** e **aonde** 234
  Uso de **sobre** e **sob** 235
- Eu gosto de aprender mais 237
- Um texto puxa outro – "Mandioca e macaxeira" (poema) 239
- Produção de texto – Lenda (reconto oral) 240
- Ampliando o vocabulário 242
- Leia mais 243
- Organizando conhecimentos 244

LIÇÃO

13 Entrevista com Ana Paula Castro
- **Vamos começar!** – "Conheça a jovem que quer ser a primeira astronauta brasileira" (entrevista) 246
- **Estudo do texto** 248
- **Um texto puxa outro** – "Ciência também é coisa de menina" (artigo de divulgação científica) 251
- **Estudo da língua**
  Tipos de frase 252
  Oração e período 255
  Ortografia
  Palavras terminadas em **-isar** e **-izar** 257
  Senão / se não 258
  Ao encontro de / de encontro a 258
- **Produção de texto** – Entrevista 259
- **Ampliando o vocabulário** 260
- **Leia mais** 261

14 Os idosos
- **Vamos começar!** – "Brasil soma mais de 200 denúncias de violência contra idosos por dia" (notícia) 262
- **Estudo do texto** 263
- **Um texto puxa outro** – "Bisa Bia" (texto narrativo) 264
- **Estudo da língua**
  Sujeito simples e sujeito composto 266
  Ortografia
  Uso de **há** e **a** 269
  Palavras com **sc** 270
- **Produção de texto** – Notícia 271
- **Ampliando o vocabulário** 272
- **Leia mais** 273

15 E o mundo mudou
- **Vamos começar!** – Charge 274
- **Estudo do texto** 274
- **Um texto puxa outro** – "O Natal e o consumo compulsivo" (artigo de opinião) 276
- **Estudo da língua**
  Sinônimos, antônimos e homônimos 278
  Ortografia
  Palavras com **e** e **i** 282
  Palavras terminadas por **u** e por **l** 283
- **Produção de texto** – Artigo de opinião 284
- **Ampliando o vocabulário** 286
- **Leia mais** 287

16 A importância do brincar
- **Vamos começar!** – "'Brincar é fundamental para o desenvolvimento', diz especialista" (reportagem) 288
- **Estudo do texto** 289
- **Um texto puxa outro** – "Capítulo II: Do Direito à Liberdade, ao Respeito e à Dignidade" (artigo de lei) 291
- **Eu gosto de aprender mais** 293
- **Estudo da língua** – Conjunções 294
  Ortografia
  Uso de **por que, porque, por quê** e **porquê** 301
  Palavras com **s** e **z** finais 303
- **Produção de texto** – Reportagem 305
- **Ampliando o vocabulário** 306
- **Leia mais** 307
- **Organizando conhecimentos** 308

Referências 311
Almanaque 313
Adesivos 329

LIÇÃO 1

CLASSIFICADOS POÉTICOS

VAMOS COMEÇAR!

Leia o título e observe como os pequenos textos estão organizados. Sem ler estes textos é possível saber o assunto ou o gênero deles? Comente sua resposta com os colegas e o professor.

Classificados e nem tanto

Vendem-se manchas de cachorro malhado. O resto já foi **dado**.

Alugo por temporada casa bem **assombrada**.

Vendo em leilão o pouco que resta do meu **coração**.

Caramujo despejado procura **casa nova** e **segura**.

Um gato sem eira nem **beira** ofereço a quem **queira**.

Marina Colasanti. *Classificados e nem tanto*. Rio de Janeiro: Record, 2019.

As palavras destacadas em azul também estão na seção **Ampliando o vocabulário**.

ESTUDO DO TEXTO

1 O texto que compõe cada "classificado" é:

☐ um anúncio. ☐ um conto.

☐ uma fábula. ☐ um poema.

2 Em um poema, cada linha é chamada **verso**. Os poemas apresentam o mesmo número de versos?

_____

3 **Rima** é a repetição de sons iguais ou semelhantes que ocorre, geralmente, no final dos versos.

   a) Há rimas na composição dos "classificados"? Se sim, quais?

_____

_____

_____

   b) Quais outros textos rimados você conhece?

4 Leia em voz alta estas duas formas de escrever a mesma frase e compare-as.

> Vendo em **leilão**
> o pouco que resta
> do meu **coração**.

> Vendo em leilão o pouco que resta do meu coração.

Que diferença você percebe ao ler essas frases dispostas em versos e em uma única linha?

_____

_____

_____

5 Os "classificados" apresentam situações inusitadas. Ao contrário dos classificados de jornal, esses trazem o inesperado. De acordo com os classificados que você leu:

a) o que está sendo oferecido a quem queira?
_____

b) o que é para ser vendido em leilão?
_____

c) o que está para ser alugada?
_____

d) o que o caramujo procura?
_____

6 Releia.

> Um gato
> sem eira nem beira
> ofereço
> a quem queira.

A expressão "sem eira nem beira" é usada para se referir a pessoas que não têm bens materiais.

a) Em qual destes estabelecimentos esse poema poderia ser usado? Marque um **X**.

☐ FEIRA DE TROCAS   ☐ FEIRA DE DOAÇÃO DE ANIMAIS

☐ LOJA DE PRODUTOS PARA ANIMAIS

7 Como você imagina um "gato sem eira nem beira"? Desenhe-o mostrando o lugar onde ele vive.

8 Complete o quadro abaixo com as palavras dos poemas que rimam entre si e acrescente mais uma que você vai escolher.

	No poema	Sua escolha
temporada		
malhado		
leilão		
procura		
beira		

9 Troque a oferta e crie um classificado poético. Lembre-se de que existe uma rima a ser obedecida.

Vendem-se manchas de cachorro malhado.
O resto já foi **dado**.

- Como ficaria seu anúncio classificado se ele não fosse poético e tivesse de ser publicado em um jornal?

_____
_____
_____
_____
_____
_____

Classificado é um texto em que as pessoas anunciam a venda de produtos, trocas, empréstimos, aluguéis, prestação de serviços, entre outros.

ESTUDO DA LÍNGUA

Fonemas e letras

Leia este classificado poético da autora Roseana Murray.

> Menino que mora num planeta
> azul feito a cauda de um cometa
> quer se corresponder com alguém
> de outra galáxia.
> Neste planeta onde o menino mora
> as coisas não vão tão bem assim:
> o azul está ficando desbotado
> e os homens brincam de guerra.
> É só apertar um botão
> que o planeta Terra vai pelos ares...
> Então o menino procura com urgência
> alguém de outra galáxia
> para trocarem selos, figurinhas e esperanças.
>
> Roseana Murray. *Classificados poéticos*.
> São Paulo: Moderna, 2010.

Ao falar as palavras **não**, **vão** e **tão** em voz alta, percebemos que apenas o som inicial é diferente. Cada som da fala é chamado de **fonema**. Para representar cada fonema, usamos **letras**.

Mas, veja bem:
- um mesmo fonema pode ser representado por mais de uma letra. O fonema /z/, por exemplo, pode ser representado pela letra **s**, como em **coisas**.
- uma mesma letra pode representar fonemas diferentes. A letra **x**, por exemplo, pode representar o fonema /ks/, como em **galáxia**.

ATIVIDADES

1 Quantas letras tem o alfabeto da língua portuguesa? Quais são elas?

_____
_____

2 Indique o número de letras e de fonemas das palavras a seguir.

	letras	fonemas
menino		
classificados		
figurinhas		
planeta		

Encontro vocálico

Quando duas ou mais letras que representam vogais aparecem juntas na palavra, formam um **encontro vocálico**. Essas letras podem estar na mesma sílaba, como em cau-da, ou em sílabas diferentes, como em po-é-ti-cos.

ATIVIDADES

1 Leia estes títulos de fábulas e copie as palavras em que há encontro vocálico.

a) O leão e o rato _____

b) A raposa sem cauda _____

c) O mosquito e o touro _____

d) A moça e o jarro de leite _____

e) A assembleia dos ratos _____

f) A rã e o boi _____

2 Indique os encontros vocálicos destas palavras. Veja o exemplo.

leito – **ei**

touro _____   águia _____   aula _____

estátua _____   história _____   gaúcho _____

régua _____   país _____   leão _____

vaidade _____   criado _____   chapéu _____

maestro _____   coração _____   desaguei _____

13

Vogal e semivogal

Leia estas palavras.

> b**o**-tão   s**e**-los   fi-g**u**-ri-nh**a**s   **e**s-p**e**-ran-ç**a**s

Você deve ter notado que em todas as sílabas dessas palavras aparece uma vogal. Isso porque, na língua portuguesa, não existe sílaba sem vogal.

Leia em voz alta.

> ca-dei-ra

As letras **e** e **i** estão juntas na mesma sílaba, mas só uma tem som forte: o **e**. Já o **i** tem som mais fraco e, por isso, é chamado de **semivogal**.

Agora, leia.

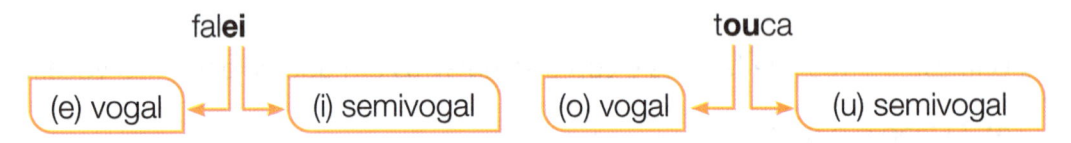

fal**ei** → (e) vogal, (i) semivogal

t**ou**ca → (o) vogal, (u) semivogal

Nessas palavras, as letras **e** e **o** são **vogais**. E as letras **i** e **u** são **semivogais**.

Há três tipos de encontros vocálicos: **ditongo**, **tritongo** e **hiato**.

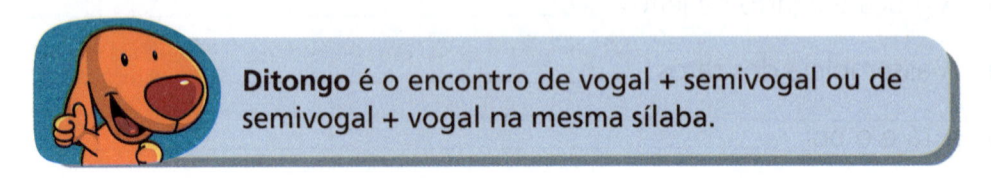

> **Ditongo** é o encontro de vogal + semivogal ou de semivogal + vogal na mesma sílaba.

Exemplos:

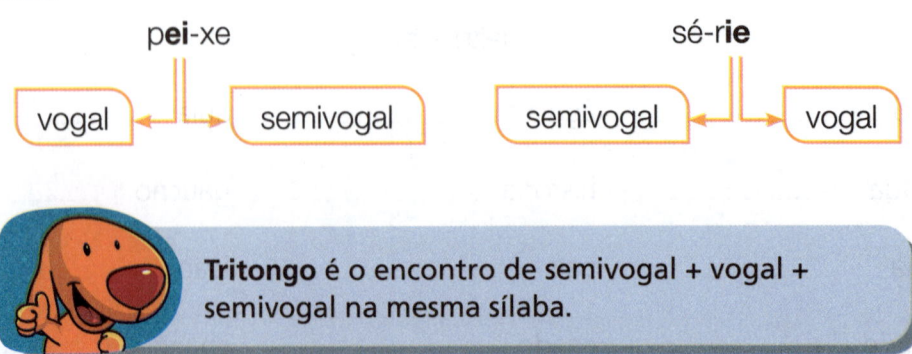

p**ei**-xe → vogal + semivogal

sé-r**ie** → semivogal + vogal

> **Tritongo** é o encontro de semivogal + vogal + semivogal na mesma sílaba.

Exemplos:

enxag**uou**
- semivogal
- vogal
- semivogal

Urug**uai**
- semivogal
- vogal
- semivogal

Hiato é o encontro de duas vogais pronunciadas em sílabas diferentes.

Exemplos:

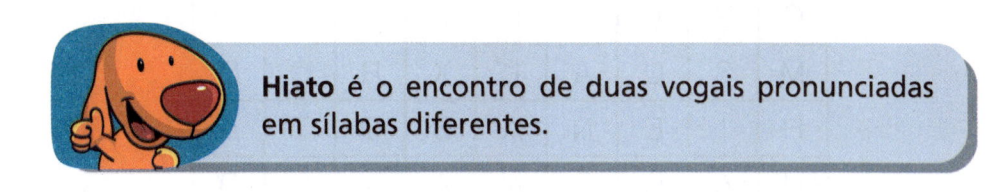

v**i**-**o**-le-ta
- vogal → vogal

v**o**-**o**
- vogal → vogal

ATIVIDADES

1 Em todas as palavras a seguir há encontro vocálico. Copie as palavras separando as sílabas. Depois, classifique os encontros vocálicos em ditongo, tritongo e hiato. Veja o exemplo.

palavra	separação	classificação
cauda	cau-da	ditongo
teatro		
Paraguai		
circuito		
averiguei		
enjoa		
pneu		
baú		
mamãe		
patriota		
pão		

2 Encontre no diagrama e copie apenas as palavras que apresentam hiato.

E	L	X	M	F	A	N	P	A
C	O	E	L	H	O	Y	I	S
U	E	B	P	I	A	N	O	B
O	R	L	P	B	F	I	E	L
M	S	U	A	L	X	R	O	D
H	I	E	N	A	B	O	T	A
U	A	R	P	N	A	V	I	O
V	I	A	G	E	M	N	A	T
H	J	C	R	I	A	N	Ç	A

_____

_____

Encontro consonantal

Quando duas ou mais consoantes, pronunciadas, aparecem juntas em uma palavra, elas formam um **encontro consonantal**.

Veja alguns encontros consonantais.

Na mesma sílaba	
br – **br**a-si-lei-ro	**cl** – **cl**i-ma
cr – **cr**a-vo	**fl** – **fl**a-ne-la
dr – pe-**dr**a	**gl** – **gl**o-bo
fr – **fr**u-ta	**pl** – **pl**a-ne-ta
gr – **gr**u-ta	**tl** – a-**tl**e-ta
pr – **pr**a-to	**vl** – **Vl**a-di-mir
tr – **tr**a-ve	**ps** – **ps**i-co-lo-gi-a
vr – li-**vr**o	**bs** – su**bs**-tan-ti-vo
bl – **bl**o-co	**pn** – **pn**eu

Em sílabas separadas	
o**b**-**j**e-ti-vo	é**t**-**n**i-co
a**b**-**s**ur-do	a**d**-**v**o-ga-do
pa**c**-**t**o	a**f**-**t**a
a**p**-**t**i-dão	e-ni**g**-**m**a

Dígrafo

Quando, na mesma palavra, duas letras representam um único som, elas formam um **dígrafo**.

Veja os dígrafos da língua portuguesa.

Em sílabas separadas	
rr	Te**rr**a – Te**r**-**r**a
ss	cla**ss**ificados – cla**s**-**s**i-fi-ca-dos
sc	cre**sc**er – cre**s**-**c**er
sç	de**sç**o – de**s**-**ç**o
xc	e**xc**eto – e**x**-**c**e-to

Na mesma sílaba	
ch	**ch**a-mi-né
nh	fi-gu-ri-**nh**as
lh	re-po-**lh**o
gu	**gu**er-ra, a-mi-**gu**i-nho
qu	**qu**e-ri-do, ca-**qu**i
am, em, im, om, um	c**am**-po, t**em**-po, l**im**-po, t**om**-bo, co-m**um**
an, en, in, on, un	**an**-ta, v**en**-to, t**in**-ta, **on**-da, f**un**-do

Os dígrafos **am**, **em**, **im**, **om**, **um**, **an**, **en**, **in**, **on**, **un** representam um só fonema: /ã/, /ẽ/, /ĩ/, /õ/, /ũ/. Exemplo: **sombra** – om /õ/ = dígrafo; br = encontro consonantal.

Quando a palavra tiver dígrafo, haverá diferença entre o número de letras e o número de fonemas. Exemplo: **classificados**: 13 letras (c-l-a-s-s-i-f-i-c-a-d-o-s) – 1 dígrafo (ss) = 12 fonemas

Nos grupos **gu** e **qu**, quando a letra **u** é pronunciada, não formam dígrafo e sim um encontro vocálico. Exemplos: aq**uá**rio, ig**uai**s.

ATIVIDADES

1 Separe as sílabas destas palavras.

catraca _____ observe _____

ritmo _____ grama _____

trânsito _____ benigno _____

blusa _____ medroso _____

corrupção _____ obter _____

vinagre _____ pacto _____

2 Agora, organize as palavras da atividade **1** em duas colunas.

palavras com encontro consonantal na mesma sílaba	palavras com encontro consonantal em sílabas diferentes

3 Pinte de acordo com a legenda.

■ os grupos **gu** e **qu** formam dígrafos

■ os grupos **gu** e **qu** não formam dígrafos

◯ quadro   ◯ guilhotina

◯ queimada   ◯ régua

◯ aquário   ◯ mangueira

◯ quinhentos   ◯ aguado

18

ORTOGRAFIA
Uso de **h** inicial

Na língua portuguesa, nem sempre o número de letras que usamos para escrever as palavras corresponde ao número de fonemas, ou seja, de sons. É o caso da letra **h** no início das palavras: nós a escrevemos, mas não a pronunciamos. Na dúvida, consulte um dicionário.

1 Leia em voz alta algumas palavras iniciadas com a letra **h**.

hábil	helicóptero	hiato	honestidade	hortelã
habitação	hematoma	hidrante	honorário	humanitário
harmonia	hemeroteca	hidratar	honra	humildade
harpa	hemorragia	hipopótamo	hora	humilde
haste	hepatite	homem	horizonte	humor
hebreu	herança	homenagem	horta	humano
hélice	herbívoro	homeopatia	hortaliça	humanidade

- O que você notou em relação ao som da letra **h** nessas palavras?

_____
_____

2 Pesquise em jornais e revistas outras palavras escritas com **h** inicial e copie-as. Depois, leia para os colegas as palavras que você escreveu.

_____
_____
_____
_____
_____
_____
_____

UM TEXTO PUXA OUTRO

Leia esta letra de canção.

Paz Pela Paz
Nando Cordel

A paz do mundo
Começa em mim
Se eu tenho amor
Com certeza sou feliz
Se eu faço o bem ao meu irmão
Tenho a grandeza dentro do meu coração

Chegou a hora da gente construir a paz
Ninguém suporta mais o desamor
Paz pela paz – pelas crianças
Paz pela paz – pelas florestas
Paz pela paz – pela coragem de mudar

Paz pela paz – pela justiça
Paz pela paz – a liberdade
Paz pela paz – pela beleza de te amar
[...]

Disponível em: https://www.letras.mus.br/nando-cordel-musicas/204823/. Acesso em: 20 jul. 2022.

CARLOS JORGE NUNES

1 Qual é o tema dessa letra de canção?

_____
_____

2 Em sua opinião, a paz começa mesmo em cada um de nós?

_____
_____
_____

3 Que atitudes você pode ter para construir a paz no mundo?

_____
_____

PRODUÇÃO DE TEXTO

Alguns poetas, como Sérgio Capparelli, Marina Colasanti e Roseana Murray, se inspiraram em classificados para compor alguns de seus poemas, chamando-os de **classificados poéticos**.

Leia mais alguns classificados poéticos. Depois, você e um colega vão escrever um.

Anúncio de Zoornal

Vende-se uma casa
de cachorro pequinês
dê um osso de entrada
e trinta a cada mês.

Sérgio Capparelli. *Come-vento*.
Porto Alegre: L&PM, 1988. p. 11.

Procura-se um equilibrista
que saiba caminhar na linha
que divide a noite do dia
que saiba carregar nas mãos
um fino pote cheio de fantasia
que saiba escalar nuvens arredias
que saiba construir ilhas de poesia
na vida simples de todo o dia.

Roseana Murray. *Classificados poéticos*.
São Paulo: Moderna, 2010.

Bicicleta procura
seu dono ciclista
perdido algum dia
fora de pista.

Velho chafariz
procura água fresca
que o faça feliz.

Marina Colasanti. *Classificados e nem tanto*.
Rio de Janeiro: Record, 2019.

Troco um fusca branco
por um cavalo cor de vento
um cavalo mais veloz que o pensamento
Quero que ele me leve pra bem longe
e que galope ao deus-dará
que já me cansei deste engarrafamento...

Roseana Murray. *Classificados poéticos*.
São Paulo: Moderna, 2010.

Preparação

Forme dupla com um colega.

Pensem em objetos, pessoas, elementos da natureza, situações sobre as quais vocês queiram compor o poema e anotem o que pensaram.

_____

_____

_____

_____

Vocês vão decidir se querem vender, comprar, trocar, oferecer.

Falem sobre os sentimentos que desejam despertar no leitor: sonhos, emoções, desejos, esperanças, humor.

Planejamento e escrita

Para criar o classificado poético, leiam as etapas a seguir.

- Escolham e arranjem as palavras de modo que causem impacto no leitor por ser uma ideia nova, diferente.
- Experimentem rimas, considerando não apenas a terminação das palavras, mas também a adequação dos pares em termos de sentido.
- Além das rimas, pensem em outros elementos poéticos que dão beleza ao texto, como a sonoridade das palavras, as sensações que podem despertar: o poema de vocês pode ser mais engraçado ou mais emotivo, conforme a preferência da dupla.
- Pensem em uma ilustração para o poema. Usem desenhos ou colagens de imagens, por exemplo. Ela será utilizada na edição final do classificado.
- Deem um título ao poema, conforme o elemento ou a situação poeticamente anunciada.

Usem o espaço a seguir para fazer um rascunho.

_____
_____
_____
_____
_____
_____
_____
_____
_____
_____

Revisão e reescrita

Peça a outra dupla que leia o poema e verifique se é necessário alterar, acrescentar ou substituir algum elemento no texto.

Mostrem ao professor, para que ele confira se é necessária alguma outra alteração. Em uma folha de papel, façam a edição definitiva do classificado poético e lembrem-se de inserir a ilustração que vocês pensaram.

Divulgação

Os textos comporão um mural com o título "Classificados poéticos", "Nossos classificados poéticos", "Classificados poéticos do 5º ano" ou outro que acharem mais apropriado para que os demais alunos da escola tenham acesso.

Avaliação

- Poemas nos trazem sensações, impressões, sentimentos e imagens. Qual dos classificados poéticos expostos você achou mais interessante?
- Os colegas demonstraram interesse na produção dos poemas?
- Nos classificados, é possível perceber jogos com as palavras, rimas, combinações interessantes?
- Você gostou de criar um poema no formato de classificado? Como foi para você a experiência de criar rimas e combinar as palavras de maneira especial para dar beleza ao seu poema?

Declamação de poemas

Agora, os classificados produzidos pela dupla serão apresentados em uma roda literária.

Memorizem o texto e treinem em voz alta, observando o ritmo, a sonoridade e os sentidos das palavras.

Decidam se a dupla vai recitar o poema em conjunto ou se os versos serão divididos e cada um declama uma parte.

Durante o ensaio

Conversem sobre as impressões que tiveram ao ler o poema.
- Na leitura que fizeram, os jogos sonoros e o ritmo foram facilmente percebidos?
- Quais foram as percepções ao escutar/ler o poema? Há diferenças entre as leituras?

No dia da apresentação

- Lembrem-se de que declamar é interpretar o que o poema expressa com muita emoção. Cuidem de declamá-lo em voz alta, clara e com boa dicção.
- Pronunciem bem as palavras e não se esqueçam do ritmo.
- Atenção às pausas e à respiração.
- A boa declamação vai além da voz. Uma boa interpretação envolve a expressão corporal: a postura, a expressão do rosto e do olhar, os gestos.
- Tentem interagir com os ouvintes. Dirijam-lhes o olhar, os gestos etc.
- No momento em que os colegas estiverem apresentando, respeitem o tempo deles e prestem atenção às declamações.

Avaliação da apresentação oral

Com os colegas e o professor, avaliem a apresentação oral.
- A dupla conseguiu cumprir a ação planejada?
- Quais foram os principais desafios da dupla para realizar as propostas e quais foram as melhores conquistas?
- O resultado final foi o esperado?
- Tiveram autonomia para resolver dúvidas?
- Conseguiram negociar com o colega os impasses que surgiram?

AMPLIANDO O VOCABULÁRIO

Nesta seção, você vai encontrar algumas palavras extraídas da lição e os diferentes sentidos que elas podem apresentar.

aptidão

(ap-ti-**dão**): qualidade de quem nasceu com facilidade para alguma coisa.

Exemplo: *O menino tem aptidão para a música.*

Menino tocando violino.

assembleia

(as-sem-**blei**-a): reunião de muitas pessoas para tomar determinadas decisões.

Exemplo: *A assembleia decidiu pelo afastamento do zelador.*

despejado

(des-pe-**ja**-do): aquele que foi expulso de sua moradia.

Exemplo: *O inquilino foi despejado da casa.*

eira

(**ei**-ra): terreno de terra batida ou cimentado usado para secar e limpar cereais e legumes.

Exemplo: *Era um gato sem eira nem beira.*

hemeroteca

(he-me-ro-**te**-ca): lugar onde se arquivam jornais e outras publicações periódicas.

Exemplo: *Os alunos encontraram na hemeroteca as fotos que desejavam.*

Meninos em hemeroteca.

hiato

(hi-**a**-to)

1. Encontro de duas vogais, cada uma em uma sílaba.
Exemplo: *A palavra saúde tem um hiato.*

2. Espaço vazio entre duas coisas; intervalo, lacuna.
Exemplo: *Sempre há um hiato entre uma e outra visita dele.*

A empresa reconhece a grandeza dos funcionários.

grandeza

(gran-**de**-za)

1. Fato de ser grande por suas qualidades ou características.
Exemplo: *A grandeza de um povo depende do trabalho de cada pessoa.*

2. Medida de quantidade.
Exemplo: *O comprimento, a largura e a altura são grandezas.*

honorário

(ho-no-**rá**-rio)

1. Que é motivo de orgulho para quem o tem; honroso.
Exemplo: *A Câmara de Vereadores concedeu ao escritor o título honorário de cidadão...*

2. Que tem as honras de um cargo, sem os deveres e o pagamento que o acompanham.
Exemplo: *O sócio honorário não precisa pagar a mensalidade.*

leilão

(lei-**lão**): venda pública em que a mercadoria fica com a pessoa que oferecer o maior valor.
Exemplo: *Coloquei meu coração em um leilão.*

malhado

(ma-**lha**-do): que tem manchas pelo corpo.
Exemplo: *Vendem-se manchas de cachorro malhado...*

Dálmata.

LEIA MAIS

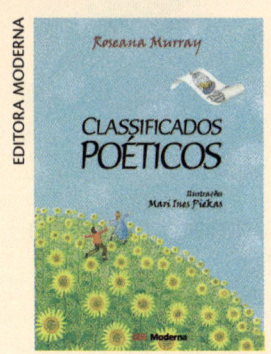

Classificados poéticos

Roseana Murray. São Paulo: Moderna, 2010.

Nesse livro, os poemas foram construídos com base em classificados de jornal, propondo a troca de sentimentos ou de um estilo de vida.

Mais classificados e nem tanto

Marina Colasanti. Rio de Janeiro: Galera Record, 2019.

Nesse livro, é possível encontrar poemas construídos a partir dos temas de classificados, como a busca por um tapete voador ou pelo rastro de estrelas cadentes.

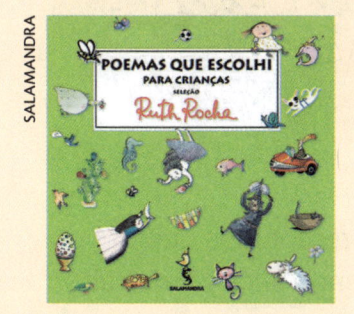

Poemas que escolhi para crianças

Ruth Rocha. São Paulo: Salamandra, 2013.

O livro traz uma coletânea de obras de poetas brasileiros de várias épocas. Os poemas estão distribuídos em blocos temáticos e foram lindamente ilustrados por nove ilustradores. É uma forma rica de conhecer a poesia brasileira.

Poeminhas da terra

Márcia Leite. São Paulo: Pulo do Gato, 2016.

Hora de comer, hora de brincar, hora de colher, hora de pescar, hora de festejar, hora de contemplar, hora de compartilhar são alguns dos temas explorados nestes singelos poemas sobre o cotidiano da vida na aldeia daqueles que são os primeiros habitantes do Brasil.

LIÇÃO 2
O PAPAGAIO DO NAVIO

VAMOS COMEÇAR!

Leia a piada a seguir e veja o que acha dela! Divirta-se lendo primeiramente em silêncio e, depois, em voz alta.

O papagaio do navio

Certo dia, um mágico foi apresentar-se num navio.

O capitão ficou tão impressionado com os truques apresentados que, imediatamente, o contratou para ficar por lá mesmo, fazendo *shows* todas as noites.

Só que o papagaio, a menina dos olhos do capitão, de tanto observar o mágico treinando, acabou decifrando todos os truques, e, durante as apresentações, passou a gritar com estardalhaço todos os segredos para a plateia.

– O coelho tá ali, debaixo da mesa!!!

– A carta tá na outra manga da casaca!!!

– O lenço tá bem ali, enfiadinho no bolso do colete!!!

A cada intervenção do papagaio, a plateia aplaudia a avezinha indiscreta, enquanto o mágico, mais e mais desacreditado, se contorcia de raiva e sentia crescer a vontade de torcer o pescoço do bicho e colocá-lo na panela. Só se continha, porque, se fizesse isso, estava desempregado, na certa.

Tentou contornar a situação. Reformulou o *show*, apresentou novas mágicas, escolheu as mais refinadas, mas... que nada! Depois de algumas apresentações, lá vinha de novo o papagaio enxerido, que linguetava em alto e bom som todos os segredos para a plateia.

Para desespero do mágico, a coisa continuou da mesma maneira, até que num dia de forte tempestade o navio afundou.

Não sobreviveu ninguém. Com exceção do mágico e do danado do papagaio.

Por três dias e três noites os dois permaneceram em total silêncio, juntos no mesmo pedaço de madeira, que sobrara do navio naufragado.

No quarto dia, porém, o bicho finalmente abriu o bico.

– Tá bom, desisto! Mas me diga, de uma vez, seu pilantra, onde é que você escondeu o maldito navio?

Domínio público.

ESTUDO DO TEXTO

1 De modo geral, toda piada começa situando o leitor na história. Na piada lida, a frase que contextualiza a narrativa é: "Certo dia, um mágico foi apresentar-se num navio".

a) Identifique as palavras fundamentais nessa frase para situar o leitor na história e escreva-as.

b) Que informações essas palavras fornecem?

2 Releia o terceiro parágrafo.

a) Que expressão inicia esse parágrafo?

b) O emprego dessa expressão marca um novo momento da narrativa: o aparecimento de uma situação problemática. Que problema é esse?

3 No quarto, quinto e sexto parágrafos, o narrador suspende sua narração e introduz diálogos para que o personagem fale diretamente com o leitor/ouvinte.

   a) Que sinal gráfico indica as falas?
   _____

   b) Quem está falando?
   _____

4 Esses diálogos contribuem para a construção de vários sentidos do texto. Das afirmações a seguir, identifique o sentido que não é verdadeiro.
As falas do papagaio contribuem para:

   ☐ tornar o texto mais vivo.

   ☐ reforçar a abelhudice do papagaio.

   ☐ intensificar o humor da narrativa.

   ☐ mostrar como o papagaio se expressa mal.

5 Releia as falas do papagaio. Quais poderiam ser as mágicas apresentadas no *show*?
_____
_____
_____

6 Que tentativas o mágico empregou para solucionar seu problema?
_____
_____

7 Por que o mágico foi malsucedido nessas tentativas?
_____
_____

8 Faz parte da estrutura do gênero piada terminar a história com um final surpreendente.

a) Qual foi a surpresa ao final de "O papagaio do navio"?

_____

_____

b) Por que isso é surpreendente?

_____

_____

_____

c) O que poderia ter levado o papagaio a pensar como pensou no final da história?

_____

_____

9 Releia este trecho da piada.

Por três dias e três noites os dois permaneceram em total silêncio, juntos no mesmo pedaço de madeira, que sobrara do navio naufragado.

Em sua opinião, o que poderia explicar o fato de o papagaio, tão falante, ter permanecido em total silêncio por três noites seguidas?

_____

_____

_____

10 Releia este parágrafo da piada "O papagaio do navio".

> A cada intervenção do papagaio, a plateia aplaudia a avezinha indiscreta, enquanto o mágico, mais e mais desacreditado, se contorcia de raiva e sentia crescer a vontade de torcer o pescoço do bicho e colocá-lo na panela.

Quais palavras e/ou expressões desse parágrafo substituem o substantivo **papagaio**, para não haver repetição?

_____

_____

> Repetições tornam o texto cansativo, por isso devem ser evitadas quando não têm o objetivo de se obter um efeito especial.

11 O texto da piada apresenta algumas expressões da linguagem coloquial, como as que estão destacadas nos trechos a seguir. Releia-os e explique como você entende cada uma destas expressões.

a)
> Só que o papagaio, **a menina dos olhos do capitão**, [...] passou a gritar com estardalhaço todos os segredos para a plateia.

_____

_____

b)
> Depois de algumas apresentações, lá vinha de novo o papagaio enxerido, que bradava **em alto e bom som** todos os segredos para a plateia.

_____

_____

> **Piada** ou **anedota** é uma narrativa curta, escrita ou oral, em geral anônima, de final surpreendente, contada, basicamente, para provocar risos e descontração.

ESTUDO DA LÍNGUA

Acentuação gráfica: oxítonas, paroxítonas e proparoxítonas

A sílaba pronunciada com mais força em uma palavra chama-se **sílaba tônica**. De acordo com a posição da sílaba tônica, as palavras podem ser:

- **oxítonas**: quando a sílaba tônica for a última. Exemplos: so**fá**, quin**tal**, tam**bor**.
- **paroxítonas**: quando a sílaba tônica for a penúltima. Exemplos: **lá**pis, es**tre**la, ja**ne**la.
- **proparoxítonas**: quando a sílaba tônica for a antepenúltima. Exemplos: **má**gico, **lâm**pada, **ví**tima.

Leia algumas regras de acentuação gráfica de palavras oxítonas, paroxítonas e proparoxítonas.

Acentuam-se		Exemplos
oxítonas terminadas em:	a, as	fu**bá**, so**fás**
	e, es	jaca**ré**, vo**cês**
	o, os	vo**vó**, ro**bôs**
	éis	pa**péis**
	éu, éus	tro**féu**, cha**péus**
	ói, óis	he**rói**, cara**cóis**
	ém, éns	arma**zém**, para**béns**
paroxítonas terminadas em:	i, is	**jú**ri, **tá**xi, **lá**pis, **tê**nis
	us	bô**nus**, ví**rus**, ô**nus**
	l	a**má**vel, **fá**cil, i**mó**vel
	um, uns	ál**bum**, mé**dium**, ál**buns**
	n	hí**fen**, Níl**ton**
	ps	bí**ceps**, trí**ceps**
	r	Cé**sar**, már**tir**, lí**der**
	x	lá**tex**, tó**rax**
	ão, ãos	bên**ção**, ór**gão**, ór**fãos**
	ã, ãs	í**mã**, í**mãs**, ór**fã**, ór**fãs**
	io, ia, ie, ua	Má**rio**, Jú**lia**, sé**rie**, está**tua**
proparoxítonas	todas	**pró**ximo, **lâm**pada, infor**má**tica, **há**lito, es**tô**mago

ATIVIDADES

1 Escreva as palavras do quadro nas colunas correspondentes.

caneta	balão	pássaro	sagui	ônibus	leão
macaco	caju	colega	jabuti	veículo	câmara
época	menino	cafezinho	lágrima	avô	cabelo

proparoxítona	paroxítona	oxítona

2 Copie da anedota do início desta lição:

a) uma palavra oxítona.

_____

b) uma palavra paroxítona.

_____

c) uma palavra proparoxítona.

_____

3 Explique por que estas palavras da anedota "O papagaio do navio" são acentuadas.

a) mágico: _____

b) você: _____

c) ninguém: _____

d) silêncio: _____

Substantivo comum, substantivo próprio e substantivo coletivo

Substantivos são palavras que nomeiam seres (reais ou imaginários, animados ou inanimados), sentimentos ou ideias.

> **Substantivo próprio** é aquele que nomeia um ser em particular. É escrito com letra inicial maiúscula.
> Exemplo: **Maria** é professora de gramática.
>
> **Substantivo comum** é aquele que dá nome aos seres da mesma espécie.
> Exemplo: O mágico e o papagaio não afundaram.
>
> **Substantivo coletivo** é aquele que indica um grupo ou uma coleção de seres da mesma espécie.

Conheça alguns coletivos.

aglomeração: de pessoas	**cáfila**: de camelos, patifes
álbum: de fotografias, selos	**cambada**: de vadios, malvados
alcateia: de lobos, feras	**cardume**: de peixes
armada: de navios de guerra	**casaria**, **casario**: de casas
arvoredo, **bosque** ou **floresta**: de árvores	**cavalaria**: de cavalos, cavaleiros
arquipélago: de ilhas	**chusma**: de criados, populares
atilho: de espigas	**código**: de leis
atlas: de mapas reunidos em livro	**colmeia**: de abelhas
bagagem: de objetos de viagem	**congregação**: de religiosos, professores
baixela: de utensílios de mesa	**constelação**: de estrelas
banda: de músicos	**cordame**: de cordas, de cabos de um navio
bando: de aves, crianças	**corja**: de vadios, malfeitores
biblioteca: de livros	**década**: período de dez anos
boiada: de bois	**discoteca**: de discos
braçada: de flores	**elenco**: de atores, artistas
cacho: de uvas, bananas, cabelos	**enxame**: de abelhas, insetos

enxoval: de roupas e adornos	**ninhada**: de pintos, ovos, ratos
esquadra: de navios	**nuvem**: de gafanhotos, mosquitos
esquadrilha: de aviões	**penca**: de frutos
estrofe: de versos	**pinacoteca**: de quadros, telas
exército: de soldados	**plateia**: de espectadores, ouvintes
fato: de cabras	**pomar**: de árvores frutíferas
fauna: os animais de uma região	**quadrilha**: de ladrões, assaltantes
feixe: de espigas, varas	**ramalhete**: de flores
flora: as plantas de uma região	**rebanho**: de bois, ovelhas
gado: de reses em geral	**resma**: quinhentas folhas de papel
junta: de médicos (junta médica)	**réstia**: de alhos, cebolas
júri: de jurados	**revoada**: de aves voando
legião: de soldados, anjos, demônios	**século**: período de cem anos
manada: de bois	**súcia**: de velhacos, malandros
maquinaria: de máquinas	**time**: de esportistas
matilha: de cães de caça	**tribo**: de indígenas, pessoas
milênio: período de mil anos	**tríduo**: período de três dias
miríade: infinidade de estrelas, insetos	**triênio**: período de três anos
molho: de chaves, capim	**turma**: de trabalhadores, alunos
multidão: de pessoas	**vara**: de porcos

ATIVIDADES

1 Sublinhe os substantivos comuns.

  a) Os homens trabalhavam na mina.

  b) Ganhei um cavalo branco.

  c) As crianças estavam no pátio.

  d) Tive um sonho maravilhoso!

2 Complete as frases usando o coletivo das palavras destacadas.

  a) Os **peixes** daquele _____ são coloridos.

  b) Viajei em um dos **aviões** daquela _____.

  c) Ana tirou uma **flor** de seu _____.

  d) Aplaudimos os **músicos** da _____ da escola.

3 Distribua os substantivos a seguir nas colunas adequadas.

| Brasil | televisão | cavalo | Paulo | carro |
| sereia | Rosane | Zezé | menino | Gabriela |

substantivos próprios	substantivos comuns

4 Para cada substantivo em destaque, circule o coletivo correspondente.

porcos	junta	vara	fato
livros	esquadra	cento	biblioteca
selos	réstia	ninhada	álbum
artistas	fauna	elenco	discoteca
cães	matilha	banda	biblioteca

Artigo definido e artigo indefinido

Leia esta frase.

> Meu amigo contou **uma** piada.

A palavra **uma** dá uma ideia vaga, indeterminada, indefinida.

Agora, leia esta frase.

> Meu amigo contou **a** piada do papagaio.

A palavra **a** dá uma ideia determinada, definida.
Uma e **a** são **artigos**.

Artigos são palavras que colocamos antes dos substantivos para determiná-los ou indeterminá-los.

Os artigos podem ser **definidos** ou **indefinidos**:

- **o**, **a**, **os**, **as** são artigos definidos, porque dão uma ideia precisa, determinada.
- **um**, **uma**, **uns**, **umas** são artigos indefinidos, porque dão uma ideia vaga, indefinida.

ATIVIDADE

1 Circule os artigos definidos e indefinidos das piadas a seguir. Depois, copie-os e classifique-os.

— Um gato caminhava por um telhado miando: Miau, miau!

Nisso se aproxima outro gato repetindo: au, au!

Então o primeiro gato lhe diz:

— Olha, por que você late se você é um gato?

E o outro lhe responde:

— Por que não posso aprender idiomas?

Disponível em: https://br.guiainfantil.com/piadas-infantis/142-piadas-de-animais-para-criancas.html. Acesso em: 6 abr. 2022.

Uma senhora está na porta da casa com seu gato, quando passa um senhor e pergunta: Arranha?

E a senhora responde: Não, gato!

Disponível em: https://br.guiainfantil.com/piadas-infantis/142-piadas-de-animais-para-criancas.html. Acesso em: 6 abr. 2022.

ORTOGRAFIA

Emprego de m ou n

Releia esta frase da anedota.

Para desespero do mágico, a coisa continuou da mesma maneira, até que num dia de forte te___pestade o navio afu___dou.

- Quais letras estão faltando em cada palavra destacada?

Antes de **p** e **b** usamos **m**.

ATIVIDADES

1 Complete as palavras com **m** ou **n**.

pe___sou	bo___de	ta___bor
ba___bu	dese___baraço	a___bulância
ciê___cia	corre___teza	ba___da
co___prido	alca___çaram	ca___po
fu___do	co___tato	to___bo

2 Procure e retire das piadas da página 38 seis palavras escritas com **n** antes de consoante. No caderno, forme uma frase para cada uma das palavras que encontrar.

_____

_____

3 Agora, procure e retire do texto "O papagaio do navio" duas palavras escritas com **m** antes de **p**.

_____

4 Consulte outros textos deste livro e encontre quatro palavras escritas com **m** antes de **p** e **b**. Forme frases com as palavras que você encontrou.

_____

_____

PRODUÇÃO DE TEXTO

Nesta atividade, você vai pesquisar uma piada. Depois, ela será apresentada aos alunos de outras turmas do 5º ano.

Preparação

Escolha uma piada e escreva-a em uma folha de papel. Você pode pesquisar em casa com seus familiares ou conhecidos. Cuide para que seja uma piada apropriada para a situação de sala de aula. Mostre-a ao professor.

Festival de piadas

Agora, você e os colegas da turma vão preparar o Festival de Piadas para todos os alunos do 5º ano. Para isso, leiam as dicas a seguir. Lembrem-se de que a graça não está só no que se conta, mas como se conta. Boa interpretação!

- Leia o texto várias vezes para ver se o entendeu bem.
- Todo bom contador deve ter uma boa dicção, isto é, deve pronunciar as palavras com clareza. As palavras devem ser ouvidas pelo espectador. Uma voz abafada torna impossível a audição e deixa o texto inexpressivo. De acordo com o que o texto pretende expressar, a voz deve ser modulada.
- Em algumas situações, é preciso dar mais destaque a palavras que possam criar uma atmosfera que envolva o espectador. Pare nessas palavras; pronuncie-as com mais intensidade. Outras vezes é preciso baixar o tom, falar com mais suavidade. Outras, ainda, falar mais apressadamente, no caso de se estar contando uma perseguição, por exemplo.
- Preste atenção à pontuação do texto, que marca, na escrita, a expressividade da fala.
- A postura, a expressão facial (do rosto) e a gestual (dos gestos) são muito importantes para se contar uma boa história.
- Interagir com os ouvintes é também uma forma de envolver o espectador.

Apresentação

Durante o Festival, respeitem os colegas que estiverem se apresentando e o público presente, pois cada dupla terá sua vez de apresentar.

Lembrem-se de observar se a linguagem usada na piada escolhida é mais informal e de reproduzir as palavras dando a entonação necessária para que produzam o efeito desejado. Ótima apresentação e boas gargalhadas!

Avaliação

Após a apresentação, escreva se você e seus colegas conseguiram despertar a atenção e o riso dos alunos que assistiram ao Festival de piadas.

AMPLIANDO O VOCABULÁRIO

enxerido

(en-xe-**ri**-do): intrometido.

estardalhaço

(es-tar-da-**lha**-ço): barulheira, forte ruído.

intervenção

(in-ter-ven-**ção**): intromissão.

LEIA MAIS

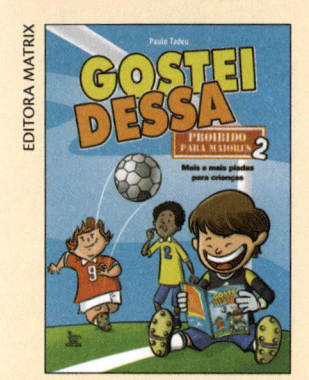

Gostei dessa: proibido para maiores 2

Paulo Tadeu. São Paulo: Matrix, 2012.

Mais um livro de piadas do escritor Paulo Tadeu. As anedotas são proibidas para maiores, já que o objetivo é divertir as crianças. Mas os adultos podem dar uma olhadinha se quiserem.

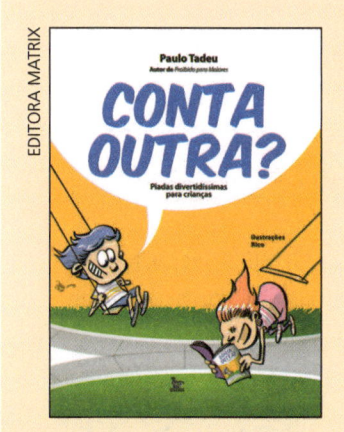

Conta outra? Piadas divertidíssimas para crianças

Paulo Tadeu. São Paulo: Matrix, 2010.

Deliciosas piadas, de temas variados, apresentadas em uma edição com ilustrações coloridas e alegres.

LIÇÃO 3

A MOSCA

VAMOS COMEÇAR!

O texto a seguir foi publicado em um livro que reúne 52 histórias coletadas pelo organizador da obra em diversos países. Leia apenas as três primeiras palavras do texto. Que histórias costumam começar dessa forma?

A mosca

Era uma vez um homem rico que emprestava dinheiro a todos os camponeses pobres da região, mas lhes cobrava juros exorbitantes.

Como um desses camponeses lhe devia uma soma considerável, o ricaço tratou de verificar se ele possuía algo de valor que pudesse confiscar.

Quando chegou à cabana do devedor, encontrou seu filho brincando no quintal. "Seus pais estão?", perguntou. "Não, senhor", o menino respondeu. "Papai saiu para cortar árvores vivas e plantar árvores mortas. E mamãe foi ao mercado vender o vento e comprar a Lua."

Sem entender patavina, o credor usou de agrados e ameaças para fazer o garoto esclarecer tal enigma, porém nada conseguiu. Então, resolveu mudar de tática: "Se me explicar essa história, prometo esquecer o que seu pai me deve. Tomo o céu e a terra por testemunhas".

"O céu e a terra não falam", o menino retrucou. "Nossa testemunha tem que ser uma criatura viva."

Nesse instante, uma mosca pousou no batente da porta. O homem rico apontou para ela, declarando: "Aí está nossa testemunha".

Então o garoto explicou: "Meu pai foi cortar bambus para fazer uma cerca, e minha mãe foi vender leques para comprar óleo para o lampião".

O ricaço partiu, satisfeito, mas dias depois voltou para cobrar a dívida, fazendo ouvidos moucos quando o filho do camponês lhe lembrou sua recente promessa. O impasse se estabeleceu, e o caso foi parar no tribunal.

Na presença do juiz, o homem rico afirmou que nunca tinha visto aquele menino e, portanto, não podia ter lhe prometido coisa nenhuma. O menino, por sua vez, contou uma versão muito diferente da história. "É a palavra de um contra a palavra do outro", suspirou o juiz, atarantado. "Não posso decidir nada sem testemunha."

"Mas nós temos uma testemunha", disse o filho do camponês. "Uma mosca ouviu toda a conversa!"

"Uma mosca!", o magistrado exclamou. "Está brincando comigo, seu moleque?"

"Não, senhor. Uma mosca enorme e gorda ouviu tudo, porque estava pousada bem no nariz dele!"

"Mentiroso!", o homem rico berrou. "Ela pousou no batente da porta!"

"Não interessa onde ela pousou", o juiz decidiu. "Você fez a promessa, e portanto o pai deste garoto nada lhe deve. Caso encerrado!"

Neil Philip (Org.). *Volta ao mundo em 52 histórias*. São Paulo: Companhia das Letrinhas, 1998.

ESTUDO DO TEXTO

1 O primeiro parágrafo do texto apresenta um dos personagens da história.

a) Lendo esse parágrafo, o leitor tem uma imagem positiva ou negativa do homem rico?

b) Que trecho do parágrafo dá essa ideia ao leitor?

2 Um dos camponeses devia muito dinheiro ao homem rico.

a) Por que o homem rico foi até a cabana desse camponês?

b) Ao chegar à cabana, o homem rico fez um trato com o filho do camponês. Que trato foi esse?

3 Responda.

a) O homem rico cumpriu sua promessa?

_____

b) Qual destes trechos mostra isso?

☐ "Nesse instante, uma mosca pousou no batente da porta."

☐ "O ricaço partiu, satisfeito, mas dias depois voltou para cobrar a dívida [...]"

☐ "Você fez a promessa, e portanto o pai deste garoto nada lhe deve."

4 Releia o que o menino disse ao juiz.

> "Não, senhor. Uma mosca enorme e gorda ouviu tudo, porque estava pousada bem no nariz dele!"

a) A mosca tinha pousado no nariz do homem?

_____

b) Por que o menino disse isso?

_____

_____

_____

5 Volte ao texto "A mosca" e releia a primeira frase.

a) Que tipo de história costuma começar com "Era uma vez"?

_____

b) Nessa história, há algum acontecimento mágico?

_____

> O **conto popular**, geralmente, origina-se na oralidade, naquilo que as pessoas contam e que é transmitido de boca em boca, de geração em geração. Diferentemente dos contos de fadas, não há acontecimentos mágicos nos contos populares.

6 O homem rico é apresentado no primeiro parágrafo do texto "A mosca".

  a) Que palavra o autor usa para se referir de novo a ele, no segundo parágrafo?

  _____

  b) No quarto parágrafo, que palavra foi usada para se referir ao homem?

  _____

7 Releia.

> "Uma mosca!", o magistrado exclamou.
> "Está brincando comigo, seu moleque?"

  a) A que personagem o autor se refere com o termo "o magistrado"?

  _____

  b) Para que as aspas foram usadas nesse trecho?

  _____

  c) Reescreva o trecho acima trocando as aspas por travessões.

  _____

8 Releia.

> [...] um desses camponeses lhe devia uma soma considerável [...]

Esse trecho poderia ser reescrito trocando-se o **lhe** por **a ele(a)** ou **a você**:

> [...] um desses camponeses devia a ele uma soma considerável [...]

Reescreva as frases trocando o **lhe** por **a ele(a)** ou **a você**.

  a) Meu senhor, o pai deste menino não **lhe** deve nada!

  _____

  b) A mãe olhou para a filha e **lhe** deu um biscoito.

  _____

  c) O ricaço perguntou quem **lhe** devia dinheiro.

  _____

ESTUDO DA LÍNGUA

Gênero do substantivo

Releia os trechos do conto "A mosca" e observe as palavras destacadas.

Era uma vez um **homem** rico que emprestava dinheiro a todos os **camponeses** pobres da região, mas lhes cobrava juros exorbitantes.

"[...] Tomo o **céu** e a **terra** por testemunhas."

"Mas nós temos uma **testemunha**", disse o **filho** do camponês. "Uma **mosca** ouviu toda a **conversa**!"

Das palavras destacadas nos trechos acima, quais são masculinas? E quais são femininas?

Conheça o masculino e o feminino de alguns substantivos.

masculino	feminino
ator	atriz
barão	baronesa
bode	cabra
carneiro	ovelha
cavaleiro	amazona, cavaleira
cavalheiro	dama
cavalo	égua
frade	freira
galo	galinha
genro	nora
herói	heroína
homem	mulher
imperador	imperatriz
jabuti	jabota

masculino	feminino
maestro	maestrina
marido	mulher
padrasto	madrasta
padre	madre
padrinho	madrinha
pai	mãe
pardal	pardoca
poeta	poetisa
príncipe	princesa
réu	ré
sacerdote	sacerdotisa
tigre	tigresa
touro	vaca
zangão	abelha

Substantivo comum de dois gêneros

Leia as frases observando as palavras destacadas.

> Sérgio é um **estudante**.

> Carla é uma **estudante**.

Você é um estudante ou uma estudante?

> **Estudante** é um substantivo comum de dois gêneros. **Comum de dois gêneros** é o substantivo que apresenta uma só forma, tanto para o feminino como para o masculino. A distinção é feita por meio do artigo, do adjetivo ou do pronome que o acompanha.

Veja alguns exemplos de substantivos comuns de dois gêneros.

masculino	feminino	masculino	feminino
o artista	a artista	o imigrante	a imigrante
o colega	a colega	o jornalista	a jornalista
o dentista	a dentista	o jovem	a jovem
o doente	a doente	o lojista	a lojista
o esportista	a esportista	o patriota	a patriota
o gerente	a gerente	o pianista	a pianista

Substantivo sobrecomum

Leia com atenção.

> O gato é um **animal**.

> A gata é um **animal**.

> **Animal** é um substantivo sobrecomum. **Sobrecomum** é o substantivo que apresenta uma só forma para indicar tanto o feminino como o masculino, não variando nem mesmo o artigo, pronome ou adjetivo que o acompanha.

Alguns substantivos sobrecomuns:

o carrasco	o cônjuge	a pessoa
o indivíduo	a vítima	a testemunha
o ídolo	a criatura	a criança

Substantivo epiceno

Leia esta frase e observe a palavra destacada.

> A **onça** é um animal selvagem.

Onça é um substantivo epiceno. **Epiceno** é o substantivo que tem uma só forma para designar tanto animais do sexo masculino como do sexo feminino. Para indicar o gênero, usa-se a palavra **macho** ou **fêmea**.

Alguns substantivos epicenos:

a aranha	o crocodilo	a pulga	o pinguim
a baleia	o polvo	a foca	o rouxinol
a borboleta	o mosquito	a formiga	o tatu

ATIVIDADES

1 Dê o feminino das palavras a seguir.

o homem _____   o cachorro _____

o poeta _____   o moço _____

o diretor _____   o ator _____

o compadre _____ o professor _____

2 Classifique os substantivos conforme a legenda.

> **1** epiceno   **2** comum de dois gêneros   **3** sobrecomum

- [ ] a vítima
- [ ] a pessoa
- [ ] a dentista
- [ ] a criança
- [ ] a águia
- [ ] a onça

- [ ] a testemunha
- [ ] o sabiá
- [ ] o pianista
- [ ] a doente
- [ ] o jornalista
- [ ] a cobra

3 Copie as frases passando as palavras destacadas para o feminino.

a) **Meu afilhado** foi testemunha do caso.

_____

b) **O ator** estreou na peça.

_____

c) **O homem rico** emprestou dinheiro **ao camponês**.

_____

4 Pesquise no dicionário e escreva três exemplos de:

a) substantivos comuns de dois gêneros.

_____

b) substantivos epicenos.

_____

c) substantivos sobrecomuns.

_____

_____

ORTOGRAFIA

Palavras com x e ch

Leia algumas palavras escritas com x .

afrouxar	repuxar	mexerica	laxante
enxugar	encaixar	remexer	mexer
graxa	enxoval	eixo	xícara
maxixe	frouxo	enxergar	enxurrada
luxo	feixe	enxaqueca	deixar
xereta	relaxar	faxina	enxame
coxa	xarope	queixar	faixa
enxaguar	caixa	lixa	xerife
enxada	bexiga	xadrez	peixe
lixeiro	engraxar	baixo	vexame
paixão	lixar	enxuto	ameixa
trouxa	mexicano	desleixo	bruxa

Agora, leia algumas palavras escritas com ch .

charuto	chuveiro	chicote	encher
chatear	inchar	chifre	tacho
chocar	lanchar	lanche	chimarrão
chocolate	chofer	manchar	bolacha
ponche	choque	mochila	chupeta
prancha	chuviscar	salsicha	pechinchar
chave	cochichar	colcha	trecho
chegar	cheio	colchão	flecha
gorducho	chicória	encharcar	cacho
inchado	chorar	murchar	chimpanzé
rachar	choramingar	choupana	chulé
rancho	recheio	chover	churrasco
chutar	relinchar	chuchu	colchete

ATIVIDADES

1 Complete as palavras com **x** ou **ch**.

pu___ar	___aveiro	___ícara
fa___ina	tre___o	ve___ame
fle___a	quei___ar	gordu___o
___aminé	___urrasco	___ilique

2 Forme frases com as duplas de palavras.

a) xarope – ruim

_____

b) pechincha – comprar

_____

3 Complete as palavras com ditongos.

afr___xar	am___xa	d___xa
ab___xo	c___xa	tr___xa
emb___xo	p___xão	enf___xada

4 Procure no dicionário e escreva palavras iniciadas por:

a) mex

_____

b) mech

_____

5 Escreva seis palavras iniciadas por **en**, que sejam acompanhadas de **x**.

_____

UM TEXTO PUXA OUTRO

Leia esta tirinha de Jim Davis.

> **Quadrinho 1:** O QUE VOCÊ ACHA DESTES DENTES, HEIN?
> **Quadrinho 2:** PODIAM SER MAIS BRANCOS.
> **Quadrinho 3:** MMMM! BOCA FECHADA NÃO LATE.

Fonte: *Folha Cartum*. UOL. Disponível em: https://goo.gl/oXvtYo. Acesso em: 20 jul. 2022.

1 Qual foi a estratégia do gato Garfield para que o cachorro não latisse perto dele?

_____
_____
_____

2 Pelo que acontece na tirinha, como você imagina que são os personagens Garfield e o cão?

_____
_____
_____
_____

3 Você acha que o menino do conto "A mosca" e Garfield têm algo em comum? Se sim, o quê?

_____
_____
_____
_____

PRODUÇÃO DE TEXTO

Tanto no texto "A mosca" quanto na tirinha de Garfield, os personagens se valem da esperteza para resolver seus problemas, mostrando sua inteligência e sagacidade.

Nesta seção, você e um colega vão criar uma tirinha a partir de um conto popular escolhido por vocês.

Preparação

Junte-se a um colega e pesquise com ele um conto popular com a mediação do professor. O conto deve ter:
- um personagem principal esperto;
- uma situação em que algo dito possa ser interpretado de duas maneiras diferentes;
- essa situação sendo o ponto principal da história.

Depois de escolhida a história, destaquem no texto as passagens mais importantes. Nas linhas a seguir, façam um resumo dessas passagens destacadas.

A partir do resumo, contem as ações principais da história. Cada uma delas deve ocupar um quadrinho separado.

Definida a quantidade de cenas, descrevam, no rascunho, como cada uma delas será:
- quantos personagens aparecem em cada uma;
- como deve ser o cenário que envolve esses personagens;
- qual o texto (de narrador e de balões – de fala, pensamento, sussurro etc.) de cada quadrinho.

Escrita

No espaço a seguir, desenhem o número de quadrinhos e façam um "esboço", isto é, os primeiros traços das imagens, para ter ideia de como elas ficarão distribuídas no espaço da folha.

Façam, a lápis, os desenhos dos quadros, do jeito que eles ficarão no final.

Escrevam em cada quadrinho, a lápis, os textos já definidos.

Revisão

Antes de passar o texto a limpo, peça a outra dupla que leia seu texto e verifique se há algo que precisa ser alterado. Depois, peçam ao professor que faça uma leitura final.

Corrijam os possíveis erros.

Passem o texto a limpo e pintem os desenhos. O professor organizará um mural em que as tirinhas serão expostas para todos os alunos da turma lerem e se divertirem.

AMPLIANDO O VOCABULÁRIO

atarantado

(a-ta-ran-**ta**-do): confuso, desnorteado.
Exemplo: *Depois do tombo, ele ficou atarantado.*

Jovem atarantado.

confiscar

(con-fis-**car**): apossar-se (de algo).
Exemplo: *A prefeitura confiscou a mercadoria sem nota fiscal.*

considerável

(con-si-de-**rá**-vel): a que se deve dar importância.
Exemplo: *Ele devia uma soma considerável.*

credor

(cre-**dor**): pessoa a quem se deve dinheiro.
Exemplo: *José era credor do dono da padaria.*

chicória

(chi-**có**-ria): erva de folhas verdes e gosto amargo.
Exemplo: *A cozinheira preparou chicória para o jantar.*

Chicória.

exorbitante

(e-xor-bi-**tan**-te): muito alto, exagerado.
Exemplo: *O banco cobrava juros exorbitantes.*

55

impasse

(im-**pas**-se): situação sem solução.
Exemplo: *O impasse aconteceu e o caso foi parar no tribunal.*

juro

(**ju**-ro): taxa cobrada sobre um valor, em um período de tempo determinado.
Exemplo: *O banco cobrou juros pelo atraso no pagamento.*

maxixe

(ma-**xi**-xe): fruto comestível parecido com pepino, mas menor e de casca enrugada.
Exemplo: *Você gosta de maxixe?*

Maxixe.

mouco

(**mou**-co): surdo, que não ouve.

patavina

(pa-ta-**vi**-na): nada, coisa alguma.
Exemplo: *Heitor não entendeu patavina da lição.*

O menino não entendeu patavina.

tática

(**tá**-ti-ca)
1. Arte de movimentar tropas no campo de batalha.
Exemplo: *O comandante usou uma tática inteligente em combate.*

2. Maneira que se usa para se sair bem em uma atividade.
Exemplo: *Ele resolveu mudar de tática.*

LEIA MAIS

Contos de enganar a morte

Ricardo Azevedo. São Paulo: Ática, 2003.

"Passar desta para uma melhor" não parece ser exatamente o desejo de Zé Malandro, do médico, do ferreiro e de um jovem viajante. O que eles querem mesmo é curtir a vida, e acham que é possível dar um jeitinho de enganar a dona Morte. E é o que todos esses personagens tentam fazer nessas narrativas populares recolhidas e recontadas por Ricardo Azevedo.

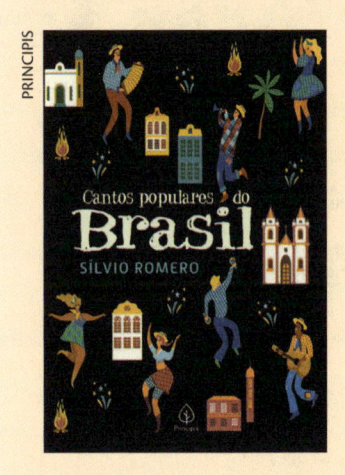

Cantos populares do Brasil

Sílvio Romero. Jandira: Principis, 2021.

Essa coletânea apresenta narrativas populares que mostram a diversidade do povo brasileiro. Elas foram coletadas em diferentes estados do nosso país, como Pernambuco, Sergipe, Alagoas, Bahia e Rio de Janeiro.

Uma seleção de contos

Luiz Vilela. São Paulo: Companhia Editora Nacional, 2005.

Luiz Vilela, um dos mais importantes contistas brasileiros da atualidade, reúne histórias do cotidiano de crianças e bichos, apresentando aos leitores acontecimentos engraçados e comoventes. "Menino", "A volta do campeão", "O fim de tudo", "Corisco" e "O violino" são os contos desse livro.

LIÇÃO 4

MENSAGEM INSTANTÂNEA VIA APLICATIVO

VAMOS COMEÇAR!

O texto a seguir é a reprodução de uma conversa, via aplicativo, entre duas meninas. Elas falam de uma viagem que farão. Esse tipo de conversa recebe o nome de mensagem instantânea.

Leia a conversa em silêncio. Depois, a leitura será feita em voz alta por dois alunos da turma.

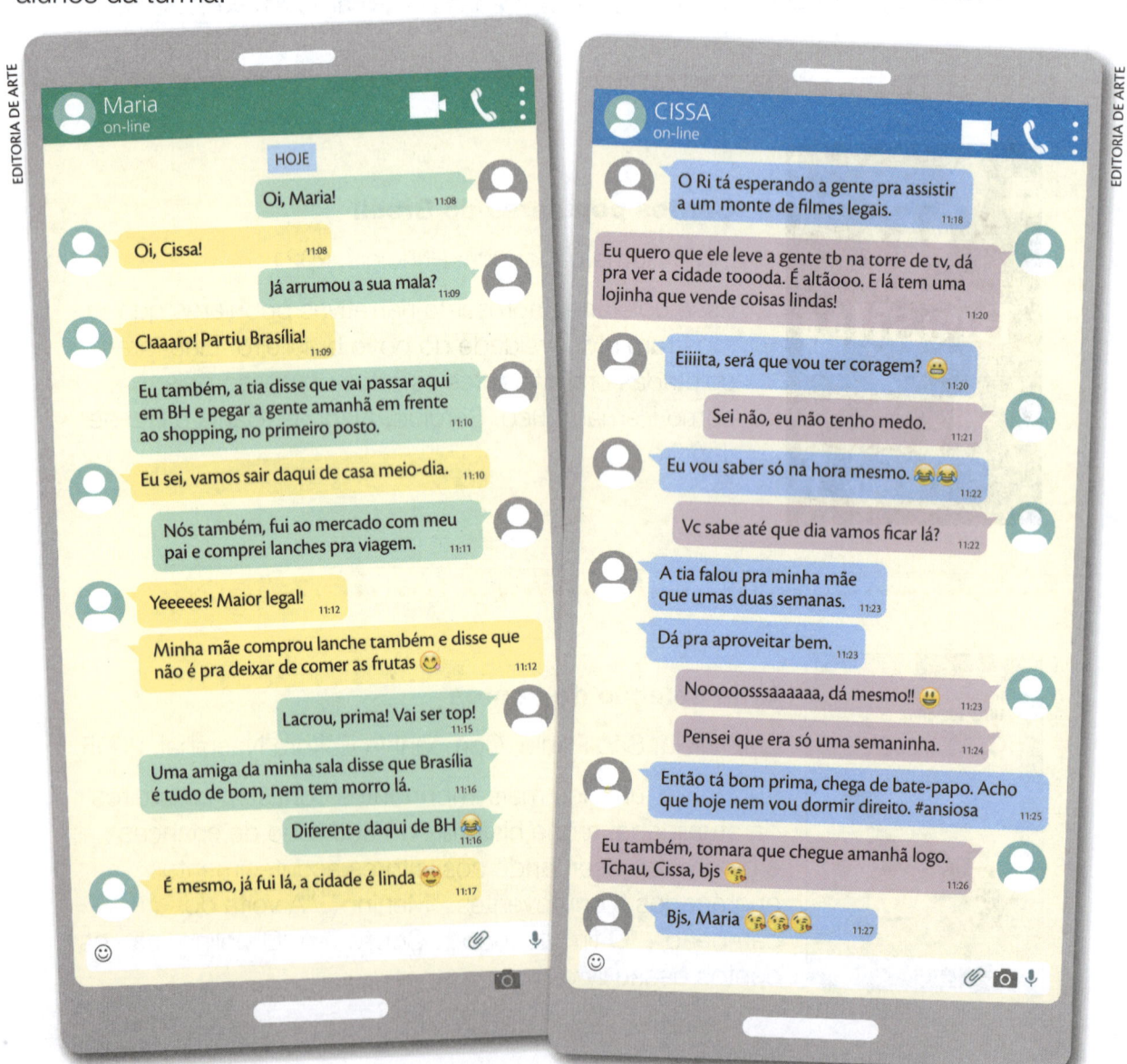

Maria on-line

HOJE

Oi, Maria! 11:08

Oi, Cissa! 11:08

Já arrumou a sua mala? 11:09

Claaaro! Partiu Brasília! 11:09

Eu também, a tia disse que vai passar aqui em BH e pegar a gente amanhã em frente ao shopping, no primeiro posto. 11:10

Eu sei, vamos sair daqui de casa meio-dia. 11:10

Nós também, fui ao mercado com meu pai e comprei lanches pra viagem. 11:11

Yeeeees! Maior legal! 11:12

Minha mãe comprou lanche também e disse que não é pra deixar de comer as frutas 😊 11:12

Lacrou, prima! Vai ser top! 11:15

Uma amiga da minha sala disse que Brasília é tudo de bom, nem tem morro lá. 11:16

Diferente daqui de BH 😂 11:16

É mesmo, já fui lá, a cidade é linda 😍 11:17

CISSA on-line

O Ri tá esperando a gente pra assistir a um monte de filmes legais. 11:18

Eu quero que ele leve a gente tb na torre de tv, dá pra ver a cidade toooda. É altãooo. E lá tem uma lojinha que vende coisas lindas! 11:20

Eiiiita, será que vou ter coragem? 😁 11:20

Sei não, eu não tenho medo. 11:21

Eu vou saber só na hora mesmo. 😂😂 11:22

Vc sabe até que dia vamos ficar lá? 11:22

A tia falou pra minha mãe que umas duas semanas. 11:23

Dá pra aproveitar bem. 11:23

Nooooosssaaaaaa, dá mesmo!! 😃 11:23

Pensei que era só uma semaninha. 11:24

Então tá bom prima, chega de bate-papo. Acho que hoje nem vou dormir direito. #ansiosa 11:25

Eu também, tomara que chegue amanhã logo. Tchau, Cissa, bjs 😘 11:26

Bjs, Maria 😘😘 11:27

ESTUDO DO TEXTO

1 Quem são as interlocutoras da conversa? Qual é o grau de parentesco entre elas?

_____

2 No texto, as meninas conversam sobre uma viagem. Onde elas moram e para onde vão viajar?

_____

3 Uma das meninas aponta uma característica que torna a cidade para onde estão indo diferente da cidade onde moram. Que característica é essa?

_____

4 Que informação, fornecida pelo aplicativo, permite afirmar que a comunicação entre as duas meninas acontece em tempo real?

_____

5 Que recurso gráfico passa a ideia de que as duas meninas estão conversando, embora o texto seja escrito?

_____

6 Em sua opinião, essa forma de comunicação facilita o contato entre as pessoas? Explique.

_____

As **mensagens instantâneas** são uma forma rápida de comunicação em tempo real através de aplicativos de celular ou *sites*. As redes sociais, inclusive, fazem uso dessa estratégia para permitir o contato entre seus usuários. Nessas conversas, as falas são, geralmente, de pequena extensão, e o uso de áudio é muito frequente para acelerar a comunicação. Além disso, é possível fazer o envio de fotos, documentos e vídeos, bem como criar grupos para uma conversa com mais pessoas ao mesmo tempo.

7 Para se referir à cidade onde moram, uma das meninas usa uma abreviatura: BH, que corresponde ao nome Belo Horizonte, a capital de Minas Gerais.

a) Na conversa, foi adequado o uso da abreviatura em vez da escrita do nome completo da cidade?

_____

_____

b) Em sua opinião, por que a menina abreviou o nome da cidade?

_____

_____

c) Como os habitantes do lugar onde você mora se referem à cidade de Belo Horizonte?

_____

8 Indique o significado da palavra **monte**, usada na conversa entre as meninas.

☐ Parte elevada de uma superfície; morro, serra.

☐ Porção de quaisquer coisas amontoadas.

☐ Grande quantidade de coisas (abstratas ou concretas) ou de pessoas.

9 Releia este trecho da conversa.

> Vc sabe até que dia vamos ficar lá? 11:22
> A tia falou pra minha mãe que umas duas semanas. 11:23
> Dá pra aproveitar bem. 11:23
> Noooooosssaaaaaa, dá mesmo!! 😃 11:23
> Pensei que era só uma semaninha. 11:24

Ao usar o termo **semaninha**, o que a autora da frase pretende comunicar?

_____

_____

10 Identifique no texto da conversa entre as meninas, na página 58, exemplos que caracterizem os itens referentes à linguagem oral indicados a seguir.

a) Uso de **a gente** no lugar de **nós**.

_____

_____

b) Uso de palavras abreviadas ou contraídas.

_____

> Nas mensagens instantâneas, é comum os usuários empregarem termos reduzidos, como **pra** (em lugar de **para**), **vc** (em lugar de **você**), **qd** (em lugar de **quando**), **tá** (em lugar de **está**), entre outros. Essas formas reduzidas, presentes na fala espontânea, visam agilizar a comunicação. Também empregam-se interjeições (**Ah!, Eita!, Uau!** etc.) para exprimir emoções; onomatopeias (**hahahaha, buááá, snif snif** etc.) para imitar sons e ruídos e pontos de interrogação ou exclamação para dar mais expressividade à conversa.

11 Qual recurso é utilizado no texto para exprimir as expressões faciais das interlocutoras no momento da troca de mensagens?

_____

> *Emoticons* são representações gráficas de sentimentos e sensações (alegria, tristeza, surpresa, desapontamento etc.) por meio dos caracteres do teclado. Exemplo: ;)
> *Emojis* são imagens que representam uma ideia, um conceito. Exemplo: 😂. Nos dias de hoje, os *emojis* são utilizados com mais frequência que os *emoticons*.

12 Escreva o significado das gírias a seguir.

a) mó legal _____

b) yeeeees _____

c) lacrou _____

d) vai ser top! _____

13 Essas expressões são próprias da linguagem formal ou da linguagem informal?

_____

ESTUDO DA LÍNGUA

Substantivo simples e substantivo composto

1 Você sabe o que é um meme? Já viu algum? Confira estes.

> SABER QUE ALGUÉM TE ESPERA TODOS OS DIAS COM A MESMA ALEGRIA NÃO TEM PREÇO!

> ALGUÉM DISSE COMIDA?

💬 O que você entendeu de cada meme? Conte aos colegas.

Meme é uma ideia, um conceito ou uma informação, formada por imagens, frases, sons, vídeos, *gifs*, músicas etc., e compartilhadas rapidamente pela internet. Quase sempre possuem sentido humorístico por buscar "imitar" por associação ou combinação de ideias, informações e conceitos, atribuindo-lhes um novo sentido. Os memes podem ser compreendidos por públicos diversos ou específicos.

2 Leia este meme.

> TODO DIA É DIA DE SER FELIZ
> FELIZ SEGUNDA-FEIRA!

a) Quais palavras ou expressões da frase ao lado são substantivos?

_____

_____

b) Como é formado o substantivo que se refere ao dia da semana?

_____

_____

3 Releia um trecho da conversa entre as meninas, da página 58.

> Então tá bom prima, chega de bate-papo. Acho que hoje nem vou dormir direito. #ansiosa 11:25

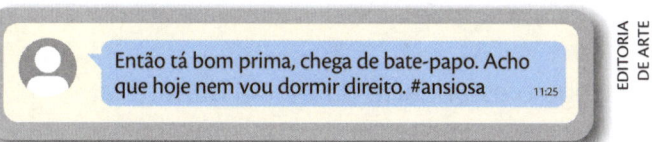

a) Que substantivo dessa fala é formado por apenas uma palavra? _____

b) E que substantivo é formado por mais de uma palavra? _____

> O **substantivo simples** é formado por uma única palavra.
> O **substantivo composto** é formado por mais de uma palavra.

4 Complete as colunas com os substantivos do quadro.

| gato-do-mato | torre | tecnologia | aplicativo |
| guarda-roupa | pica-pau | super-herói | comunicação |

Substantivos simples	Substantivos compostos

5 Forme substantivos compostos unindo as palavras das colunas A e B. Atenção: a palavra precisa fazer sentido! Se necessário, acrescente "de" ou "do".

A	B
guarda	gotas
pombo	chuva
estrela	falante
conta	meia
alto	mar
pé	correio

6 Você é bom de charadas? Tente responder a estas usando um substantivo composto.

a) Mulher que carrega o estandarte da escola de samba.

_____

b) Nome de jogo de mesa em que se usa raquete, bolinha e rede.

_____

7 Escreva um substantivo composto que nomeie:

a) uma flor.

_____

b) uma fruta.

_____

c) um objeto.

_____

d) um alimento.

_____

Número do substantivo

Leia.

| o computador | os computadores |
| um computador | uns computadores |

Quanto ao número, os substantivos podem estar no singular ou no plural.

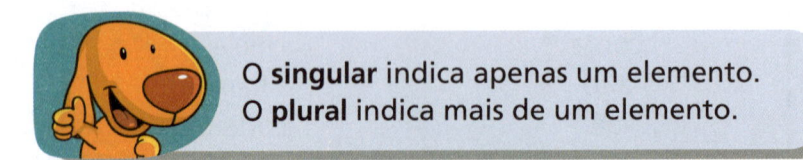

O **singular** indica apenas um elemento.
O **plural** indica mais de um elemento.

Os artigos **o**, **a**, **os**, **as**, **um**, **uma**, **uns**, **umas** acompanham o substantivo.

Há várias regras para a formação do plural.

1. Geralmente, forma-se o plural dos substantivos acrescentando-se **-s** ao singular.
   menin**o** – menin**os**   trib**o** – trib**os**
   gat**o** – gat**os**   mes**a** – mes**as**

2. Os substantivos terminados em **-r**, **-s** ou **-z** fazem o plural em **-es**.
   ba**r** – bar**es**   francê**s** – frances**es**
   rapa**z** – rapaz**es**   freguê**s** – fregues**es**

3. Os substantivos terminados em **-al**, **-el**, **-ol** fazem o plural trocando o **-l** por **-is**.
   anima**l** – anima**is**   corone**l** – coroné**is**
   anzo**l** – anzó**is**   infanti**l** – infant**is**

4. Os substantivos terminados em **-il**:
   • se forem oxítonos, perdem o **-l** e recebem **-s**: fuzi**l** – fuz**is**
   • se forem paroxítonos, trocam o **-il** por **-eis**: fóss**il** – fóss**eis**

5. Os substantivos terminados em **-m** fazem o plural mudando o **-m** por **-ns**.
   bagage**m** – bagage**ns**   so**m** – so**ns**

6. Os substantivos terminados em **-ão** fazem o plural em **-ões** (a maioria), **-ãos** ou **-ães**.
   mel**ão** – mel**ões**   m**ão** – m**ãos**   capit**ão** – capit**ães**

7. Os substantivos paroxítonos terminados em **-s** ou **-x** conservam a mesma forma. Indica-se o plural por meio do artigo.
   o atlas – **os** atlas   **o** pires – **os** pires
   o tórax – **os** tórax   **a** fênix – **as** fênix

Plural dos substantivos compostos

Os substantivos compostos formam o plural de várias maneiras.

1. As duas palavras do substantivo composto vão para o plural quando ele é formado por:

substantivo + substantivo	porco-espinho — porcos-espinhos
substantivo + adjetivo	sabiá-preto — sabiás-pretos
adjetivo + substantivo	boa-tarde — boas-tardes
numeral + substantivo	terceiro-sargento — terceiros-sargentos segunda-feira — segundas-feiras

2. Só a primeira palavra do substantivo composto vai para o plural quando ele é formado por:

> substantivo + de + substantivo   água-de-colônia – águas-de-colônia

3. Só a segunda palavra do substantivo composto vai para o plural quando ele é formado por:

> verbo + substantivo
> bate-boca – bate-bocas
> guarda-roupa – guarda-roupas

> palavras repetidas
> bate-bate – bate-bates
> reco-reco – reco-recos

4. Quando a segunda palavra do substantivo composto for usada sempre no plural, ele conserva a mesma forma tanto para o singular como para o plural.
Indica-se o plural por meio do artigo.

> **o** guarda-livros
> **os** guarda-livros

ATIVIDADES

1 Dê o plural dos substantivos, seguindo os exemplos.

> garoto – **garotos**

praia _____   canoa _____

braço _____   loja _____

roupa _____   relógio _____

pássaro _____   diário _____

chupeta _____   maleta _____

sorvete _____   árvore _____

lugar – **lugares**

mar _____ nariz _____

flor _____ voz _____

mulher _____ rapaz _____

pomar _____ país _____

cantor _____ gás _____

professor _____ mês _____

pastel – **pastéis**

jornal _____ papel _____

canal _____ lençol _____

sinal _____ carretel _____

carrossel _____ caracol _____

funil – **funis**

barril _____ fuzil _____

anil _____ perfil _____

canil _____ cantil _____

réptil – **répteis**

fóssil _____ dócil _____

fácil _____ difícil _____

útil _____ têxtil _____

projétil _____ frágil _____

| selvagem – **selvagens** |

nuvem _____ som _____
álbum _____ passagem _____
viagem _____ fim _____
armazém _____ clarim _____

| avião – **aviões** |

mamão _____ balão _____
limão _____ lampião _____
leão _____ gavião _____
região _____ vulcão _____

| cristão – **cristãos** |

órgão _____ órfão _____
bênção _____ grão _____
cidadão _____ corrimão _____
mão _____ pagão _____

| cão – **cães** |

pão _____ sacristão _____
alemão _____ guardião _____
capitão _____ charlatão _____
capelão _____ tabelião _____

| o lápis – **os lápis** |

o atlas _____ o tórax _____
o ônibus _____ o ourives _____
o pires _____ o vírus _____
o cais _____ a íris _____

2 Escreva o plural destes substantivos compostos, seguindo os exemplos.

> couve-flor – **couves-flores**

tenente-coronel _____
cirurgião-dentista _____

> guarda-noturno – **guardas-noturnos**

batata-doce _____
cartão-postal _____

> má-língua – **más-línguas**

alto-relevo _____
pronto-socorro _____

> primeiro-tenente – **primeiros-tenentes**

terça-feira _____
quarta-feira _____

> cana-de-açúcar – **canas-de-açúcar**

pé-de-meia _____
porco-do-mato _____

> beija-flor – **beija-flores**

bate-papo _____
porta-retrato _____

> pisca-pisca – **pisca-piscas**

reco-reco _____
corre-corre _____

> o porta-malas – **os porta-malas**

o porta-joias _____
o porta-toalhas _____

ORTOGRAFIA

Palavras com gua, guo, gue, gui

1 Leia as frases e circule as palavras escritas com gu.

> A formiguinha desceu pelo tronco da pitangueira.

> Cascão não aguou as plantas porque tem medo de água.

- Nas palavras em que a letra **u** não é pronunciada, forma-se um **dígrafo**. Quais são elas?

_____

2 Pinte de acordo com a legenda.

> 🟩 **gu** forma um dígrafo
> 🟪 **gu** não forma um dígrafo

☐ pulguinha   ☐ mangueira

☐ guaraná   ☐ aguado

3 Faça a separação silábica das palavras a seguir.

língua _____   mangueira _____

foguete _____   régua _____

guaraná _____   guindaste _____

guerra _____   égua _____

jaguatirica _____   preguiça _____

3 Complete as palavras com **gu** e separe as sílabas.

fre___guesia _____   fo___eira _____

nin___ém _____   fa___lha _____

man___eira _____   á___a _____

4 Preencha os espaços com **ga**, **gue**, **gui**, **go** ou **gu**.

___rra   a___nia   alu___l

fol___dos   ___lho   pa___de

___ar   ___nhava   la___nho

___rro   ami___nhos   ___de

pre___çoso   al___mas   a___lha

Palavras com qua, que, qui

1 Leia e circule as palavras escritas com **qu**.

> O caracol caminhava tranquilamente há quarenta e oito horas. Ele só queria chegar ao topo da árvore, quando encontrou a formiga maluquinha.

a) Em quais dessas palavras a vogal **u** é pronunciada?

_____

b) E em quais palavras a vogal **u** não é pronunciada?

_____

2 Pinte de acordo com a legenda.

> 🟩 **qu** forma um dígrafo   🟪 **qu** não forma um dígrafo

☐ liquidificador   ☐ quadrado

☐ quebrado   ☐ maquininha

3 Complete as palavras com **que** ou **qui**.

a____la   má____na   ____lombo

mole____   ____da   par____

____nte   ____ro   ma____te

____ria   ____lo   es____lo

____rido   e____pe   ____abo

4 Observe e continue.

> pitanga – pitanguinha

manga _____   amigo _____

formiga _____   lago _____

> maluco – maluquinho

suco _____   tronco _____

coco _____   macaca _____

5 Contorne apenas as palavras em que há dígrafo.

preguiça	ninguém	guarda	foguete
queijo	quase	que	quente
quintal	régua	coqueiro	quibe

UM TEXTO PUXA OUTRO

A história em quadrinhos que você lerá trata de uma situação muito comum para quem utiliza aplicativos de mensagem instantânea e, principalmente, para quem participa de grupos nesse espaço digital.

Rã Zinza e as mensagens de bom dia

Quadrinho 1: — HOJE RECEBI UMAS VINTE MENSAGENS ME DESEJANDO UM BOM DIA.

Quadrinho 2: — E TIPO, TÁ FUNCIONANDO? O SEU DIA ESTÁ SENDO BOM?

Quadrinho 3: ...

Quadrinho 4: — MARAVILHOSO!

Rafael Marçal. Rã Zinza e as mensagens de bom dia. Vacilândia. Disponível em: https://vacilandia.com/ra-zinza-e-as-mensagens-de-bom-dia/. Acesso em: 20 jul. 2022.

1 Que situação é representada na história em quadrinhos?

_____
_____
_____

2 Observando as ilustrações, que elementos visuais permitem afirmar que a rã verde está brava?

_____

_____

3 Em sua opinião, por que essa situação ocorreu?

_____

_____

4 Você acha que essa situação poderia acontecer na conversa que você leu no início da lição, entre Maria e Cissa?

_____

_____

5 Você ficaria bravo com essa situação? Por quê?

_____

_____

6 O nome de uma das personagens é Rã Zinza. O que esse nome indica sobre sua personalidade?

- [ ] Ela é uma pessoa alegre e comunicativa.
- [ ] Ela é mal-humorada e implicante.
- [ ] Ela está sempre triste e sozinha.
- [ ] Ela nunca fica brava, sempre está sorrindo.

> A internet tem facilitado bastante nossa comunicação, mas você sabia que também existem regras de etiqueta para esse espaço? São recomendações que você deve seguir ao se comunicar no espaço digital para garantir o bom relacionamento com outras pessoas. Elas, inclusive, ganharam um nome divertido, NETIQUETA, uma mistura de internet com etiqueta.

7 Leia esta recomendação que costuma circular em grupos de conversas por aplicativo.

> [...]
>
> ### 6 – Mensagens no grupo
>
> Só escreva nos grupos o que for de interesse comum a todos e que estiver relacionado ao tema do grupo, da forma mais sucinta possível. A quantidade excessiva de mensagens acaba com a bateria dos participantes e as notificações na tela incomodam.
>
> [...]
>
> Disponível em: https://www.institutodeengenharia.org.br/site/2018/03/19/dicas-de-boas-maneiras-e-etiqueta-para-o-uso-do-whatsapp/. Acesso em: 5 jun. 2022.

a) Em sua opinião, a rã iria gostar que os membros do grupo seguissem essa regra de etiqueta?

_____

_____

b) Que outras regras de etiqueta você conhece ou gostaria que existissem? Faça uma lista no caderno e depois converse com os colegas sobre suas escolhas.

8 Leia esta troca de mensagens eletrônicas entre dois amigos. Em seguida, reescreva o diálogo sem utilizar termos reduzidos.

– e aí, blz?

– blz, e vc?

– td ok

– vai ao jogo hj?

– n

– pq n?

– preciso estudar

EU GOSTO DE APRENDER MAIS

Leia o *e-mail* a seguir.

carloshenrique representa o usuário, ou seja, o interlocutor do *e-mail*. O símbolo **@** passa ao computador a mensagem de que o conjunto de informações é de um endereço de *e-mail*; **contato** é o provedor: empresa que viabiliza o acesso à internet, de forma gratuita ou mediante o pagamento de uma taxa. O termo **com** tem o sentido de comercial, e **br**, de Brasil.

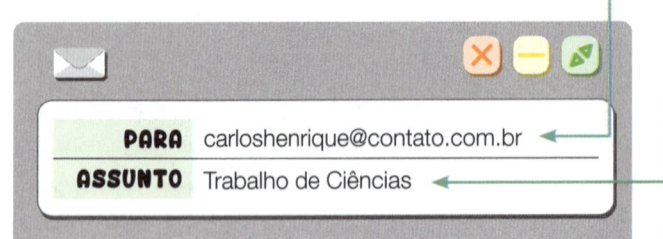

PARA carloshenrique@contato.com.br
ASSUNTO Trabalho de Ciências

Prezado professor João,
Conforme solicitado em sala, nos reunimos e escolhemos o Desmatamento na Amazônia como tema para nosso trabalho, considerando que ele deveria tratar sobre problemas ambientais. No entanto, gostaríamos de pedir indicações de *sites*, revistas e livros para pesquisarmos mais informações. Você poderia nos enviar?
Atenciosamente,
Carlos Henrique
(Representante do grupo 1)

Assunto: tema do *e-mail*, preenchido na caixa de diálogo que aparece acima do corpo da mensagem. Exemplos: "Trabalho de Ciências", "Trabalho da escola", "Pesquisa de História", "Festa surpresa do Bruno", "Aniversário da vovó".

Vocativo: nome da pessoa para quem a mensagem está sendo enviada. Exemplos: "Prezado professor João", "Minha querida amiga". O vocativo será colocado em uma linguagem mais formal ou informal, conforme o grau de proximidade entre quem envia e quem recebe a mensagem.

Texto: corpo de texto (ou corpo da mensagem) em que são colocadas as informações que se quer passar. A linguagem empregada na mensagem também depende do assunto e da relação entre o emissor e o receptor da mensagem, podendo ser formal ou informal.

Despedida: finalização da mensagem com expressões de despedida. Exemplos: "Atenciosamente" ou "Saudações" (linguagem formal); "Bjos" ou "Com carinho" (linguagem informal).

Assinatura: final da mensagem, que pode ser mais formal (o emissor assina seu nome completo) ou informal (com abreviações, nomes no diminutivo, apelidos etc.), dependendo da situação de comunicação.

1 Complete de acordo com a página anterior.

a) Assunto do *e-mail*:
_____

b) Interlocutor (vocativo):
_____

c) Emissor (quem encaminha o *e-mail*):
_____
_____

2 Resuma a mensagem do *e-mail*.
_____
_____
_____
_____
_____
_____
_____

3 Esse *e-mail* é formal ou informal? Explique.
_____
_____
_____

4 Como o aluno se despede do interlocutor?
_____

PRODUÇÃO DE TEXTO

Nesta lição, você viu que o *e-mail* possui algumas características semelhantes às da carta pessoal. Recorde a estrutura do *e-mail*:

- **endereço**;
- **assunto**: tema do *e-mail*;
- **vocativo**: nome da pessoa para quem a mensagem está sendo enviada;
- **texto**: corpo de texto (ou corpo da mensagem) em que são colocadas as informações que se quer passar;
- **despedida**: finalização da mensagem com expressões de despedida;
- **assinatura**: que pode ser mais formal (o emissor assina seu nome completo) ou informal (com abreviações, nomes no diminutivo, apelidos etc.), dependendo da situação de comunicação.

Agora é você quem vai escrever um *e-mail*. Ele pode ser para:

- um grupo de colegas enviando o arquivo do trabalho digitado para que eles possam fazer a revisão do texto;
- para os responsáveis de um museu agendando um horário de visita ao acervo com os colegas da turma;
- para uma pessoa famosa ou especialista convidando-o para dar uma entrevista ao seu grupo de trabalho.

Preparação

Escolha uma das propostas ou pense em outro assunto de sua preferência.

Verifique qual é o *e-mail* do interlocutor.

Leia novamente as informações referentes à estrutura de um *e-mail*, na página 76.

Planejamento e escrita

- Pense na proximidade que há entre você e a pessoa para quem vai encaminhar o *e-mail* e nas ideias que vai desenvolver na mensagem.
- Lembre-se de que a linguagem que se emprega nos *e-mails* depende do assunto e da relação entre o emissor (quem envia) e o receptor (quem recebe) do texto, podendo ser mais formal ou mais informal, conforme a situação comunicativa.
- Fique atento ao emprego das palavras. Releia o que escreveu e verifique a coerência das frases.
- Observe a escrita correta das palavras, a acentuação e a pontuação das frases.

Revisão e reescrita

Mostre a um colega o *e-mail* que você escreveu.
Avaliem se no *e-mail*:

- o endereço tem a estrutura nome@provedor.com.br;
- o assunto apresenta o tema;
- o vocativo está de acordo com a proposta;
- o corpo do texto (mensagem) está com todas as informações que se quer passar;
- a despedida traz expressões que finalizam a mensagem;
- a assinatura, que pode ser mais formal ou informal, dependendo da situação de comunicação, foi colocada;
- a linguagem empregada condiz com o grau de proximidade entre emissor e interlocutor.

Receba as observações do colega e faça as alterações necessárias.
Consulte, em dicionários, as dúvidas de ortografia.
Solicite também ao professor que avalie se seu *e-mail* está adequado, com todas as partes e com clareza; se há necessidade de alterar ou corrigir algum item; se a linguagem que você usou está condizente com o assunto, a mensagem e o interlocutor.
Faça a edição final do *e-mail*.
Com a ajuda do professor, de um computador e da internet, você vai enviar o *e-mail* à pessoa que escolheu.

A resposta ao seu *e-mail*

Registre abaixo a resposta que recebeu.

___
___
___
___
___
___
___

AMPLIANDO O VOCABULÁRIO

fênix

(**fê**-nix): 1. Ave fabulosa, única da sua espécie que renasceu das próprias cinzas, simbolizando a alma e a imortalidade.

Exemplo: *Depois de tantos problemas superados, ela se sentiu como a fênix.*

2. Nome de uma constelação que ocupa uma pequena extensão.

Exemplo: *A estrela mais brilhante da Constelação de Fênix é a Alpha Phoenicis.*

LEIA MAIS

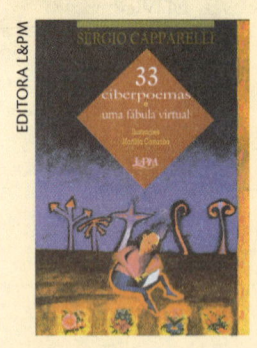

33 ciberpoemas e uma fábula virtual

Sérgio Capparelli. Porto Alegre: L&PM, 2009.

Nessa coletânea de poemas, o mundo do computador invade a poesia.

A internet segura do Menino Maluquinho

Ziraldo. Disponível em: https://www.baixelivros.com.br/didatico/a-internet-segura-do-menino-maluquinho. Acesso em: 3 ago. 2022.

Reúna a família e aprendam juntos algumas dicas de como usar a internet com segurança. Por meio desse *e-book* (livro digital), é possível estar em torno de um meio de comunicação cuja força não diminui nem nestes tempos de mensagens instantâneas: o livro.

ORGANIZANDO CONHECIMENTOS

1 Releia estas palavras do poema "Classificados poéticos" e separe as sílabas. Depois, escreva qual é o encontro consonantal ou o dígrafo de cada palavra. Veja o exemplo.

Palavra	Separação silábica	Encontro consonantal	Dígrafo
corresponder	cor-res-pon-der	nd	rr / on
planeta			
alguém			
brincam			
desbotado			
outra			
neste			
guerra			
apertar			
trocarem			
esperanças			
figurinhas			

2 Leia esta anedota.

> Uma criança entra numa loja e pergunta ao vendedor:
> — Boa tarde, senhor, preciso de óculos.
> — Para o Sol? – pergunta o vendedor.
> — Não, para mim!
>
> Disponível em: https://soumamae.com.br/as-10-melhores-piadas-para-criancas/.
> Acesso em: 5 jun. 2022.

a) Copie da piada uma palavra acentuada e justifique o uso do acento.

_____

_____

b) Na frase a seguir, sublinhe os substantivos e circule os artigos.

Uma criança entra numa loja e pergunta ao vendedor:

_____

_____

c) Encontre e copie da piada um substantivo sobrecomum.

_____

3 Identifique as formas de comunicação virtual de acordo com a legenda.

1 mensagem instantânea via aplicativo **2** meme **3** e-mail

PARA matheus.th@contato.com.br
ASSUNTO Pesquisa

Oi, Matheus
Marcamos para 15h a pesquisa. Já combinei com todos do grupo de nos encontrarmos na biblioteca do colégio nesse horário. Não se esqueça!
Tchau,
Thalita.

Oi, Lucão, você recebeu o recado da Thalita?

Sobre a pesquisa? Recebi. É pra encontrar na biblioteca três horas.

Que hora vc vai sair de casa?

Duas e meia, mais ou menos. Pq?

Passa aqui então. Vou com vc.

Tá bom.

SÓ ESTOU LEVANDO SUA MEIA

PARA PASSEAR

4 Copie da atividade 3:

a) um substantivo comum: _____

b) um substantivo próprio: _____

c) um substantivo coletivo: _____

d) duas paroxítonas acentuadas: _____

5 Leia as palavras e complete as frases com: **ga**, **gue**, **gui**, **go**, **gu**, **gua**.

a) Recebi al_____ns ami_____s em casa no meu aniversário.

b) As tartaru_____s vivem mais de cem anos.

c) Não seja pre_____çoso, arrume a sua cama!

d) Estudei em escola bilín_____. Aprendi duas lín_____s.

e) Ontem fomos doar san_____.

f) Cuidado com os co_____melos! Al_____ns são venenosos.

g) As _____rotas estavam lindas na festa!

h) _____sto de pintar com tinta _____che.

i) Durante as aulas, a_____ce todos os sentidos! Fique atento!

6 Leia as palavras do quadro.

quilômetro	querido	equipamento
qualidade	quente	quadro
quatro	quitutes	esquisito

Complete as frases usando as palavras acima.

a) No inverno, só banho _____.

b) Minha avó faz _____ maravilhosos!

c) Compramos _____ novo para pescar.

d) Seu irmão já completou _____ anos?

e) Procuro sempre produtos de _____.

f) O sítio fica no _____ 86 da estrada.

g) O _____ na parede da sala está torto.

h) Esse menino é muito _____ pelos amigos.

i) Achei _____ ele aparecer assim, de surpresa!

LIÇÃO 5

FUTEBOLÍADA

VAMOS COMEÇAR!

Escolher um livro para ler não é uma tarefa simples porque há muitas opções interessantes, não é mesmo? Para fazer essa escolha, é preciso conhecer algo sobre o autor, verificar o assunto do livro e pesquisar informações sobre a obra.

Observe atentamente esta capa de livro.

O assunto desse livro atrai sua atenção? O que você acha que significa a palavra **Futebolíada**? Você conhece o autor do livro?

Leia a seguir o que um especialista escreveu sobre o livro *Futebolíada*.

Guerra de Troia vira jogo de futebol em novo livro

Uirá Machado
Editor de "Opinião"

Numa época em que aplicativos e redes sociais tornam a comunicação cada vez mais simples e rápida, como atrair a atenção das crianças para um livro como a "Ilíada"?

Atribuído a Homero, o poema grego é um dos maiores clássicos da literatura. Porém, muitas crianças (jovens e adultos também...) nem se arriscam a lê-lo: são quase 16 mil versos (nome de cada linha de um poema). Suas traduções para o português têm pelo menos 500 páginas.

Além disso, a linguagem costuma afastar os leitores. Afinal, é uma obra escrita há mais de 2 700 anos (a data exata não é conhecida).

Uma solução criativa é "Futebolíada", que mistura "Ilíada" e futebol. Preservando a forma do poema (mas com tranquilos 96 versos), o livro põe o leitor em contato com alguns personagens famosos da obra, como Zeus e Aquiles.

O enredo, no entanto, é outro. Em vez da Guerra de Troia, acompanha-se uma partida de futebol entre gregos e troianos. A ideia é engenhosa. Muitos termos das batalhas já são usados por narradores esportivos.

Embora a história de "Futebolíada" não seja a do clássico, alguns dos temas mais importantes estão ali. Já é um bom aperitivo.

Ilustração de *Futebolíada*.

Folha de S.Paulo. Folhinha. Disponível em: https://bit.ly/2up2uho. Acesso em: 17 ago. 2022.

ESTUDO DO TEXTO

1 Quem é o autor do texto que você acabou de ler? Que função ele exerce no jornal?

_____

_____

O **editor** de jornal ou revista é o profissional responsável pela seleção dos assuntos a serem pesquisados, pelas matérias que serão publicadas e, ainda, por verificar se o material publicado segue a orientação do responsável pelo jornal ou revista.

2 O texto escrito por Uirá Machado revela a opinião dele sobre o quê?

_____

3 Quem é o autor do livro *Futebolíada*? Como o leitor pode identificá-lo?

_____

_____

4 A opinião do editor Uirá Machado sobre o livro é positiva? Justifique sua resposta com duas expressões que ele utiliza para se referir à obra.

_____

_____

5 Segundo o editor, a obra de José Santos faz referência a outra obra muito mais antiga.

a) De que obra se trata?

_____

b) Qual é o assunto dessa obra?

_____

c) Que personagens são famosos nessa história, segundo Uirá Machado?

_____

6 De acordo com o editor, o que *Futebolíada* tem de diferente em relação à obra que inspirou o autor a escrevê-la?

_____

_____

_____

7 Depois de ler a resenha, você se interessou em ler o livro de José Santos? Por quê?

_____

_____

Resenha é um gênero textual que tem como objetivo influenciar o leitor na escolha de um livro, filme, peça teatral etc.
Veja as características de uma resenha:
- apresenta pontos importantes do item resenhado, descrevendo-o com detalhes;
- apresenta comentários pessoais e a opinião de quem a escreve;
- em geral, é produzida por especialistas da área cultural;
- pode valorizar ou reduzir o interesse do público pelo que está sendo resenhado, pois é um texto baseado nas experiências e nos conhecimentos do autor.

8 Releia este trecho do texto e assinale as alternativas corretas.

> Atribuído a Homero, o poema grego é um dos maiores clássicos da literatura. Porém, muitas crianças (jovens e adultos também...) nem se arriscam a lê-lo: são quase 16 mil versos (nome de cada linha de um poema). Suas traduções para o português têm pelo menos 500 páginas. Além **disso**, a linguagem costuma afastar os leitores.

A palavra destacada na frase faz referência:

☐ aos 16 mil versos (nome de cada linha de um poema).

☐ às traduções da obra para o português, que têm pelo menos 500 páginas.

☐ ao fato de a obra ter sido escrita há mais de 2 700 anos (a data exata não é conhecida).

9 Releia o último parágrafo do texto.

> Embora a história de "Futebolíada" não seja a do clássico, alguns dos temas mais importantes estão ali. Já é um bom aperitivo.

a) Que aspecto importante o livro *Futebolíada* apresenta?

___
___
___

b) Que palavra indica que não é totalmente positivo o fato de a história não ser a clássica?

_____

c) Reescreva o trecho, substituindo a palavra **embora** por **porém**. Faça as alterações necessárias.

_____

_____

d) Releia a última frase. A palavra **aperitivo** está no sentido figurado. Que outra palavra ou expressão poderia substituí-la, mantendo o mesmo sentido?

_____

10 Releia este trecho da resenha.

> Porém, muitas crianças (jovens e adultos também...) nem se arriscam a lê-lo: são quase 16 mil versos (nome de cada linha de um poema).

Observe que há, no trecho, dois parênteses. Qual deles foi empregado:

a) para esclarecer uma ideia?

_____

_____

b) para introduzir um comentário?

_____

11 O primeiro comentário entre parênteses, no trecho da atividade 10, dá ao texto um tom de humor, porque indica que:

☐ só as crianças acham difícil ler livros muito extensos.

☐ só os jovens e adultos acham difícil ler livros muito extensos.

☐ todos – crianças, jovens e adultos – não se arriscam na leitura de livros muito extensos.

12 Que sinal de pontuação colabora para dar o tom de humor no trecho?

_____

EU GOSTO DE APRENDER MAIS

Para saber mais sobre a guerra de Troia, leia o texto a seguir, publicado no *site* da revista *Ciência Hoje das Crianças*.

A incrível história do Cavalo de Troia

Conheça a origem da expressão "presente de grego"

Você já ouviu falar no "Cavalo de Troia"? E já recebeu algum "presente de grego"? Se você não conhece essas expressões, saiba que elas existem por causa da guerra de Troia. A história dessa guerra foi contada por Homero em uma epopeia chamada *Ilíada*. Junto com a *Odisseia*, ela é a mais importante obra do poeta grego.

Cena do filme *Troia*, de Wolfgang Petersen, Warner Bros. Pictures, 2004.

Troia era uma cidade fortificada, capital de um grande e poderoso reino. Um dia, Páris, filho do rei de Troia, raptou Helena, a rainha de uma cidade grega chamada Esparta. O rapto deixou vários reis gregos indignados. Eles juntaram seus exércitos e entraram em guerra contra Troia. A cidade ficou cercada por vários anos, mas suas altas muralhas impediam que ela fosse invadida.

Entre os gregos estava nosso velho conhecido Ulisses. Ele bolou uma estratégia que praticamente decidiu a guerra: mandou construir um imenso cavalo de madeira e se escondeu em sua barriga junto com alguns guerreiros. Os exércitos gregos deixaram o cavalo em frente à porta de entrada de Troia e começaram a se retirar.

Os troianos acharam que os gregos tinham desistido da guerra, e que o cavalo era um presente para eles. Decidiram trazer o bicho para dentro da cidade. Como ele era muito grande, chegaram a derrubar uma parte da muralha para poder entrar. Mal sabiam eles...

De noite, quando os troianos estavam dormindo, Ulisses e os guerreiros gregos saíram da barriga do cavalo de madeira. Outros soldados aproveitaram o buraco na muralha e invadiram a cidade. Em pouco tempo, os gregos dominaram Troia e invadiram o palácio real. A guerra acabou com a vitória dos gregos, e Helena foi levada de volta para Esparta.

Por isso, até hoje, um presente que ninguém quer ganhar é chamado de "presente de grego".

Bruno Magalhães Magalhães. *Ciência Hoje das Crianças* (on-line). Disponível em: https://bit.ly/2uFe47j. Acesso em: 15 jul. 2022.

1 De acordo com o texto, o que foi a guerra de Troia?

_____
_____

2 Quem venceu essa guerra?

_____
_____

3 Você já ouviu a expressão **presente de grego**? Em que situação ela é utilizada atualmente?

_____
_____
_____

ESTUDO DA LÍNGUA

Substantivo primitivo e substantivo derivado

Leia a frase, observando as palavras destacadas.

> Entre os gregos estava nosso velho conhecido Ulisses. Ele bolou uma estratégia que praticamente decidiu a **guerra**: mandou construir um imenso cavalo de madeira e se escondeu em sua barriga junto com alguns **guerreiros**.

Guerra é um substantivo primitivo.

> **Substantivo primitivo** é aquele que não deriva de outra palavra. Exemplos: pedra, livro, ferro.

Guerreiro é um substantivo derivado.

> **Substantivo derivado** é aquele que tem origem em outra palavra. Exemplos: pedreira, livreiro, ferrugem.

ATIVIDADES

1 Classifique os substantivos em **primitivos** ou **derivados**.

livro _____   pedreiro _____

sapato _____   livreiro _____

ferro _____   pão _____

ferreiro _____   pedrada _____

pedra _____   sapateiro _____

padaria _____   livraria _____

2 Escreva substantivos derivados. Observe o exemplo.

> livro – **livreiro**, **livraria**

chuva _____

sapato _____

fogo _____

terra _____

pedra _____

tinta _____

lixo _____

flor _____

3 Leia o texto a seguir, que apresenta algumas informações sobre a cidade de Atenas.

> Atenas (nome proveniente da deusa grega Atena) é uma cidade localizada ao sul do **território** grego e, na **antiguidade**, desenvolveu poder na região. Seu solo não muito fértil dificultava o acesso a alimentos como o trigo e a sobrevivência de toda a população. Entretanto, por estar localizada entre colinas, o cultivo de oliveiras e de uvas favoreciam a produção de azeites e vinhos, até hoje parte significativa da culinária grega, que apresenta características mediterrâneas.
>
> Um dos primeiros fatores que levaram Atenas a se destacar e conquistar poder foi o Porto de Pireu, que é um dos maiores portos do Mediterrâneo. Foi ele que impulsionou o comércio **marítimo** possibilitando a ampliação do domínio ateniense no século VIII a.C. [...]
>
> Disponível em: https://www.infoescola.com/historia/atenas/. Acesso em: 3 jun. 2022.

As palavras destacadas nos trechos foram escritas a partir de outras. Você sabe quais? Escreva.

território _____

antiguidade _____

marítimo _____

4 Indique as palavras primitivas que deram origem às que estão destacadas no trecho a seguir.

> A Guerra de Troia foi um conflito entre gregos e **troianos** que durou dez anos. Acredita-se que os fatos por trás da lenda podem ter acontecido entre os séculos 12 e 11 a.C.
>
> A obra mais conhecida que narra o Cerco à Troia é a *Ilíada*, de Homero. Mas ainda não há consenso entre os **historiadores** se Homero foi uma figura histórica ou se simbolizava múltiplos autores da tradição oral. Também não se sabe exatamente em qual época o poema épico surgiu. Apesar disso, outros episódios da Guerra de Troia foram contados na literatura antiga grega e romana. [...]
>
> Disponível em: https://revistagalileu.globo.com/Sociedade/Historia/noticia/2019/08/um-resumo-sobre-o-que-foi-guerra-de-troia.html. Acesso em: 20 jul. 2022.

Derivação e composição

Na língua portuguesa, temos dois processos principais de formação de palavras: a **derivação** e a **composição**.

No processo de **derivação**, são acrescentados elementos à palavra primitiva que chamamos de **prefixo** ou **sufixo**.

> **Prefixo**: elemento que vem antes da palavra original e que se une a ela para formar uma nova palavra. Exemplos: **im** + paciente = impaciente; **des** + leal = desleal.
>
> **Sufixo**: elemento que vem depois da palavra original e que se une a ela para formar uma nova palavra. Exemplos: leal + **dade** = lealdade; engenho + **osa** = engenhosa.

A palavra **guarda-chuva**, por exemplo, não apresenta prefixo nem sufixo porque é formada por outro processo: a **composição**.

No processo de **composição**, as palavras se formam por meio da união de duas ou mais palavras.

Esse processo acontece de duas formas:
- quando as palavras se unem sem sofrer alterações. Exemplos: guarda-roupa, pombo-correio, pé-de-galinha, passatempo.
- quando uma palavra, ao se unir à outra, sofre alterações. Exemplos: planalto (plano + alto), pernalta (perna + alta).

1 Releia o trecho abaixo, do texto "A incrível história do Cavalo de Troia", das páginas 89 e 90.

> Troia era uma cidade fortificada, capital de um grande e **poderoso** reino. Um dia, Páris, filho do rei de Troia, raptou Helena, a rainha de uma cidade grega chamada Esparta. O rapto deixou vários reis gregos indignados. Eles juntaram seus exércitos e entraram em guerra contra Troia. A cidade ficou cercada por vários anos, mas suas altas **muralhas** impediam que ela fosse invadida.

a) As palavras destacadas no trecho são primitivas ou derivadas?

_____

b) Quais palavras deram origem a elas?

_____

2 Agora, leia um trecho do texto "Guerra de Troia vira jogo de futebol em novo livro", das páginas 84 e 85.

> Uma solução criativa é **Futebolíada**, que mistura *Ilíada* e *futebol*. Preservando a forma do poema (mas com tranquilos 96 versos), o livro põe o leitor em contato com alguns personagens famosos da obra, como Zeus e Aquiles.
> O enredo, no entanto, é outro. Em vez da Guerra de Troia, acompanha-se uma partida de futebol entre gregos e troianos. A ideia é **engenhosa**.

a) Como foi formada a palavra **Futebolíada**, destacada acima?

_____

_____

b) A palavra **engenhosa** deriva de qual palavra? E como ela foi formada?

_____

_____

c) A palavra **Futebolíada** foi formada pela junção das palavras **futebol** e **Ilíada**. Com a palavra **engenhosa** acontece o mesmo? Você consegue perceber duas palavras nesse termo?

_____

_____

3 Com um colega, pesquisem outras palavras formadas por derivação com prefixo e derivação por sufixo. Escreva as palavras nas linhas a seguir. Depois, compartilhe com o restante da turma.

_____

_____

_____

4 Complete o quadro conforme o processo de formação de cada palavra abaixo. Veja o modelo e faça o mesmo com as demais palavras.

ilegal   desleal   felizmente   pedraria   terraço
cachorro-quente   incapaz   passatempo   pé-de-galinha
antebraço   embora   carinhoso   quebra-nozes   planalto

Derivação com prefixo	Derivação com sufixo	Composição com alteração	Composição sem alteração
i + legal = ilegal	feliz + mente = felizmente	em + boa + hora = embora	passa + tempo = passatempo

a) Localize no dicionário as palavras **ilegal**, **desleal** e **incapaz**. Copie o significado delas.

_____

_____

b) O sentido que os prefixos acrescentaram às palavras **ilegal**, **desleal** e **incapaz** é positivo ou negativo?

_____

_____

5 Leia este texto, que trata da origem de um objeto bastante utilizado por nós.

> Qual a origem do **guarda-chuva**?
> Na Mesopotâmia, região do atual Iraque, há 3400 anos já existiam artefatos destinados a proteger a cabeça dos reis – contra o sol, não contra a chuva, uma raridade naquele lugar. Assim como os abanos, eram feitos de folhas de palmeiras, plumas e papiro. No Egito, adquiriram significado religioso e na Grécia e em Roma eram tidos como artigo exclusivamente feminino. Só no século XVIII a obstinação do comerciante inglês Jonas Hanway, um apaixonado por guarda-chuvas (versão inglesa do guarda-sol tropical), conseguiria torná-los dignos também de um _gentleman_. Embora ridicularizado em vida, após a sua morte, em 1786, os ingleses aceitaram sair à rua munidos do acessório nos sempre frequentes dias de chuva do país.
>
> Disponível em: https://super.abril.com.br/historia/guarda-chuva/. Acesso em: 7 ago. 2022.

a) Como é formada a palavra destacada no texto?

_____

b) Nessa palavra há prefixo? E sufixo?

_____

Substantivo concreto e substantivo abstrato

1 Leia o ditado popular.

> O amor é um passarinho que não aceita gaiola.

a) O que o ditado quer dizer?

_____

_____

b) Identifique os substantivos do ditado. Depois, represente-os no caderno, por meio de desenhos.

96

c) O que foi fácil representar pelo desenho? O que foi difícil? Por quê?

_____

_____

_____

> **Gaiola** e **passarinho** são substantivos concretos.
> **Substantivo concreto** é aquele que tem existência independente. Pode nomear seres reais ou imaginários.
>
> **Amor** é um substantivo abstrato.
> **Substantivo abstrato** é aquele que dá nome a seres que dependem de outros para se manifestar ou existir. Os substantivos abstratos nomeiam sentimentos e também estados, qualidades, ações e sensações dos seres. Exemplos: **vida** (estado), **beleza** (qualidade), **corrida** (ação), **fome** (sensação).

2 Escreva outros substantivos abstratos que nomeiem:

a) sentimento. _____

b) sensação. _____

c) qualidade. _____

3 Leia os substantivos abaixo e, depois, preencha as colunas do quadro, de acordo com o que é pedido.

> bruxa   fantasma   risada   cadeira   beleza   calma   criança
> amizade   super-herói   nuvem   prazer   briga

Substantivos concretos	Substantivos abstratos

Grau do substantivo

Os animais, os objetos e as pessoas podem ter tamanhos diferentes. O **grau do substantivo** indica essa variação de tamanho.

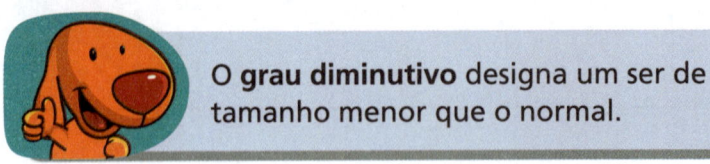

O **grau diminutivo** designa um ser de tamanho menor que o normal.

Pode-se formar o diminutivo com o auxílio das terminações:

- **-inho** – passar**inho**
- **-ico** – burr**ico**
- **-eta** – estatu**eta**
- **-zinho** – animal**zinho**
- **-ote** – amig**ote**
- **-ito** – cabr**ito**
- **-acho** – ri**acho**
- **-ebre** – cas**ebre**

Também podemos indicar o diminutivo com o auxílio das palavras **pequeno**, **minúsculo**. Exemplos: livro pequeno, letra minúscula.

Conheça alguns diminutivos.

animal	animalejo	lugar	lugarejo
astro	asteroide	menino	meninote
bandeira	bandeirola	muro	mureta
chuva	chuvisco, chuvisqueiro	papel	papelejo, papelucho
corda	cordel	rapaz	rapazote
criança	criançola	rua	ruela
engenho	engenhoca	sala	saleta
espada	espadim	sino	sineta
fio	fiapo, filete	sono	soneca
fogo	fogacho	velho	velhote
gota	gotícula	via	viela
graça	gracejo	vila	vilarejo

O **grau aumentativo** designa um ser de tamanho maior que o normal.

Pode-se formar o aumentativo com o auxílio das terminações:

-ão – ded**ão**	**-aço** – animal**aço**
-arrão – canz**arrão**	**-alha** – mur**alha**
-ona – mulher**ona**	**-eirão** – voz**eirão**
-orra – cabeç**orra**	**-ázio** – cop**ázio**
-arra – boc**arra**	**-aréu** – fog**aréu**

Também podemos indicar o aumentativo com o auxílio das palavras **grande**, **enorme**, **imenso**. Exemplos: casa grande, cão enorme, amor imenso.
Conheça alguns aumentativos.

amigo	amigaço, amigalhaço		escada	escadaria
bala	balaço		faca	facão
barba	barbaça		forno	fornalha
barca	barcaça		garrafa	garrafão
barriga	barrigão		gato	gatarrão
bêbado	beberrão		homem	homenzarrão
bicho	bichaço		ladrão	ladravaz
burro	burrão		mão	manzorra
campo	campanha		nariz	narigão
cão	canzarrão		navio	naviarra
cara	caraça, carantonha		pedra	pedregulho
casa	casarão, casão		perna	pernaça
chapéu	chapelão		porco	porcalhão
colher	colheraça		rapaz	rapagão
corpo	corpaço, corpanzil		rico	ricaço
criança	crianção, criançona		rocha	rochedo
dente	dentuça		sala	salão
doido	doidarrão		vilão	vilanaço, vilanaz

ATIVIDADES

1 Observe os exemplos e continue.

> caderno – **caderninho**

> anel – **anelzinho**

colcha _____   pão _____

pacote _____   pá _____

faca _____   pé _____

pescoço _____   irmão _____

régua _____   avô _____

2 Crie frases com o diminutivo destas palavras.

fio _____

_____

gota _____

_____

3 Leia as frases e circule os substantivos. Depois distribua os substantivos no quadro, de acordo com o grau.

a) O jardim daquele casarão é bonito.

b) Aquele homenzarrão é valente.

c) O menininho viajou naquela barcaça.

d) Minha bonequinha tem um narigão.

e) Naquela praça há uma estatueta.

Normal	Diminutivo	Aumentativo

4 Dê o aumentativo e o diminutivo das palavras abaixo. Se necessário, consulte o dicionário.

rapaz _____   animal _____

_____   _____

boca _____   mão _____

_____   _____

casa _____   fogo _____

_____   _____

> Você sabia que o diminutivo empregado em certas palavras não define o tamanho do objeto? Às vezes os diminutivos são empregados para qualificar o objeto. Por exemplo, **jornaleco** é usado para dizer que o jornal é ruim, de má qualidade; **casebre** é usado para definir uma casa muito humilde, além de pequena. E se a mãe chama o filho adulto, de mais de 20 anos, de **filhote** ou **filhinho**, significa apenas a manifestação de carinho dessa mãe, já que o filho não é nada pequenininho!

5 Junte-se a três colegas e pesquisem, em dicionários, enciclopédias, livros ou na internet, palavras no diminutivo que não tenham o sentido de "pequeno".

_____

_____

_____

_____

_____

_____

_____

- Selecionem algumas dessas palavras para fazer um diálogo curto, de cinco minutos.
- Apresentem o diálogo para a turma.

ORTOGRAFIA

Palavras com li e lh

1 Leia a história em quadrinhos da personagem Lola, uma andorinha criada pelo quadrinista Laerte.

Folha de S.Paulo, 24 de maio de 2014. Suplemento Folhinha.

a) Laerte, autor da história em quadrinhos acima, brinca com o som das palavras. Como?

_____

_____

_____

b) Essa história em quadrinhos é engraçada porque:

☐ a personagem ouve diferentes respostas.

☐ no último quadrinho, Lola faz a pergunta novamente à rolinha.

☐ Lola já sabe o nome de cada ser e mesmo assim faz perguntas a eles.

> Agora leia em voz alta a palavra **rolhinha**, prestando atenção ao som do **lh**. Esse som é muito parecido com o som do **li** em **rolinha**.
> Veja outro exemplo: Júlio (nome masculino) – julho (mês)

102

2 Leia as palavras do quadro e separe-as em duas colunas.

auxílio	sandália	ervilha	Aurélio
mobília	vasilha	Itália	sobrancelha
escolha	joelho	talher	exílio
Emília	filha	Amélia	malha

li	lh

3 Separe as sílabas das palavras a seguir. Veja os exemplos.

mobília – **mo-bí-lia**   matilha – **ma-ti-lha**

família _____   utensílio _____

assoalho _____   groselha _____

orelha _____   cílio _____

talher _____   julho _____

velhice _____   dália _____

milho _____   marília _____

gatilho _____   partilhar _____

103

UM TEXTO PUXA OUTRO

Será que Troia ainda existe nos dias de hoje? Como deve ser esse lugar? Faça a leitura oral compartilhada do relato de viagem de Monique Bianchi contando sua experiência nessa lendária cidade.

Minha visita a Troia, a lendária cidade que foi invadida pelos gregos

by Monique Bianchi

Quem nunca ouviu falar sobre Troia não é mesmo? Seja através dos livros de história ou dos filmes, Troia sempre esteve no meu imaginário mas o que eu nunca imaginava é que as ruínas dessa antiga cidade fica na Turquia! Durante minha viagem pelo interior do país, não perdi a oportunidade e pude conhecer o que restou da lendária Troia, que possui 4000 anos de história e é hoje um dos sítios arqueológicos mais famosos do mundo!

Onde fica e como cheguei até Troia

A cidade de Troia é frequentemente associada a Grécia, devido ao lendário episódio do Cavalo de Troia, mas fica na verdade em território turco, a 31 km de uma cidade chamada Çanakalle no caminho para Izmir.

Eu e minha amiga fizemos um *tour* de alguns dias pelo interior da Turquia com uma agência de viagens. [...]. Esse *tour* incluiu a visita a vários locais, entre eles a incrível Capadócia, onde fizemos o Voo de Balão e Pamukkale, uma das paisagens mais incríveis da Turquia, com piscinas de água termal em meio a rochas de calcário.

Nesse *tour* viajando pelo interior da Turquia, passamos pela cidade de Eceabat, bem próxima à Çanakalle. Para chegar à Çanakalle atravessamos um pedaço do mar com uma balsa e chegamos lá em 10 ou 15 minutos. Çanakalle é uma cidade bem maior e mais moderna que Eceabat.

É em Çanakalle que se encontra o cavalo de Troia construído especialmente para o filme *Troia*, com o Brad Pitt. Nossa, muito emocionante ver aquele enorme cavalo de madeira ao vivo!

De lá pegamos uma *van* e nos dirigimos para o sítio arqueológico de Troia. [...]

O atual estado do sítio arqueológico de Troia

Mesmo com os diversos ataques sofridos, o que ocasionou a destruição da cidade, Troia conseguia sempre se reerguer novamente e a cidade era reconstruída no mesmo local de antigamente.

Por isso, ao caminhar pelo centro arqueológico, vemos muitas placas indicando o que foi parte da Troia I, Troia II, Troia III ou Troia IV, que acreditam ter sido a Troia do cavalo de madeira, contada por Homero em *Ilíada*.

Na verdade, de acordo com as escavações e estudos, houve ao todo 9 cidades! 9 Troias!

O primeiro a encontrar e começar a escavar Troia foi o explorador alemão Heinrich Schliemann, que não possuía muita experiência e praticamente detonou uma parte da cidade, que poderia estar muito bem conservada até hoje. Essas escavações iniciaram-se no ano 1870. Ao longo do passeio, vemos claramente a diferença entre uma escavação feita com cuidado por um arqueólogo e a exploração do alemão.

[...]

Disponível em: https://turismonasuica.com/turquia/troia/visitando-troia-na-turquia/. Acesso em: 17 ago. 2022.

1 No título desse relato, como Monique chama a cidade de Troia?

2 O que a autora descobriu de surpreendente sobre a cidade de Troia?

3 Atualmente, a cidade de Troia se tornou um sítio arqueológico. Você sabe o que é isso? Tente inferir a partir do texto o que isso significa e converse com o professor e os colegas sobre o assunto.

4 Durante seu passeio pela Turquia, qual referência à guerra de Troia a autora encontrou em Çanakalle?

5 Como Monique se sentiu ao encontrar essa referência? Você acha que ela gostou da viagem?

_____

_____

_____

6 Por que existem indicações no sítio arqueológico de Troia I, II, III e IV?

_____

_____

7 Releia a seguinte frase:

> **De lá** pegamos uma *van* e nos dirigimos para o sítio arqueológico de Troia.

a) As palavras destacadas substituem uma ideia mencionada no parágrafo anterior. Que ideia é essa?

_____

b) Em sua opinião, por que a autora utiliza essa expressão para começar o parágrafo?

_____

_____

8 No seguinte trecho, por que a autora repetiu o número 9 e usou ponto de exclamação nas duas frases?

> Na verdade, de acordo com as escavações e estudos, houve ao todo 9 cidades! 9 Troias!

_____

_____

106

PRODUÇÃO DE TEXTO

Que tal construir um guia com resenhas dos livros que você e seus amigos acham imperdíveis? Depois, o professor montará um *blog* da turma para que todos possam divulgar suas sugestões de leitura e consultá-lo quando quiser alguma indicação.

Preparação

Sob a orientação do professor, você e os colegas farão uma visita à biblioteca da escola para escolher um livro que consideram interessante para ser lido e resenhado. Pode ser um livro de poemas, fábulas, contos, entre outros.

Leia-o e, depois, releia-o. A segunda leitura deve ser feita com o olhar de um crítico, pensando o que diferencia o livro dos demais e por que outro leitor deve lê-lo.

Planejamento e escrita

Nas linhas a seguir, anote o que o livro tem de interessante: os personagens, o enredo (a história), a forma como é contado, por exemplo.

Pesquise sobre o autor do livro e anote os títulos de outras obras dele.

_____
_____
_____
_____
_____
_____
_____
_____
_____
_____
_____
_____

Agora é hora de começar a escrever. Para isso, relembre algumas características de uma resenha:

- apresenta pontos importantes do item resenhado, descrevendo-o com detalhes;
- apresenta comentários pessoais e a opinião de quem a escreve;
- pode valorizar ou reduzir o interesse do público pelo que está sendo resenhado, pois é um texto baseado nas experiências e nos conhecimentos do autor.

No primeiro parágrafo, conte de maneira bem resumida os fatos mais importantes da história, sem revelar o final ou alguma parte importante.

Em seguida, apresente o escritor do livro ao leitor. Aproveite para citar outras obras importantes do autor.

Destaque os pontos que achar interessante sobre o livro.

Observe se a linguagem usada na resenha está clara e procure escrever o texto de modo que o leitor possa entender as informações.

Preste atenção na pontuação adequada ao texto, na escrita correta das palavras, na concordância entre os verbos e os substantivos, nos pronomes que fazem referência a expressões mencionadas no texto, entre outros.

Se possível, coloque a imagem do livro para ilustrar a resenha.

Assine o texto.

Revisão e reescrita

Troque sua resenha com a de um colega da turma e peça a ele que indique se você deixou claras as características principais do livro resenhado.

Consulte, no dicionário, as dúvidas de ortografia.

Passe a resenha a limpo, em uma folha de papel. Se possível, utilize *software* de edição de texto para editar e publicar o texto produzido, com auxílio do professor, no *blog* da turma.

Apresentação

O professor organizará a turma em formato circular, e cada um lerá a resenha da obra escolhida.

No momento da apresentação dos colegas, escutem com atenção os textos escritos por eles, respeitando o tempo de cada um falar.

Depois que o colega fizer a leitura do texto, vocês podem fazer perguntas ao leitor da vez sobre o livro, buscando informações do que lhes despertou o interesse para, posteriormente, também fazerem a leitura dessa obra.

Avaliação

Depois de lidas as resenhas, ainda no círculo, façam uma avaliação coletiva da atividade, coordenada pelo professor.

- Os textos apresentados pela turma deram uma visão geral dos livros?
- Os alunos se mostraram motivados a ler outras obras a partir das informações passadas pelas resenhas?
- A experiência de apresentar uma obra literária e despertar nos colegas o interesse pela leitura dessa obra foi interessante?
- Quais sugestões podem ser dadas para que, numa próxima apresentação, o trabalho possa fluir melhor?

Resenhas preferidas

- Escreva no espaço abaixo os títulos das resenhas de que mais gostou.

AMPLIANDO O VOCABULÁRIO

atribuir

(a-tri-bu-**ir**)
1. Conceder o que é de direito a uma pessoa.
Exemplo: *Atribuído a Homero, o poema é um clássico.*

2. Declarar que alguma coisa se deve a outra pessoa ou coisa.
Exemplo: *O pedreiro atribuiu o atraso da obra ao mau tempo.*

Homero.

engenhosa

(en-ge-**nho**-sa): criativa, de grande imaginação.
Exemplo: *A ideia foi bem engenhosa.*

enredo

(en-**re**-do)
1. Conjunto de acontecimentos que fazem uma história.
Exemplo: *O enredo era muito engraçado.*

2. Tecido embaraçado como o da rede.
Exemplo: *O enredo da seda ficou firme.*

épico

(**é**-pi-co): que se refere a epopeia; poema que conta a vida de um herói.
Exemplo: *Não se sabe em que época o poema épico surgiu.*

imaginário

(i-ma-gi-**ná**-rio): que existe só na imaginação: fantástico, fictício.
Exemplo: *"[...] Troia sempre esteve no meu imaginário [...]".*

LEIA MAIS

Acesse estes *links* para ler e assistir a postagens de resenhas de livros:

Minha Vida Literária
https://www.minhavidaliteraria.com.br/tag/literatura-infantil/
Porta literária
https://portaliterariablog.wordpress.com/
Acessos em: 22 jul. 2022.

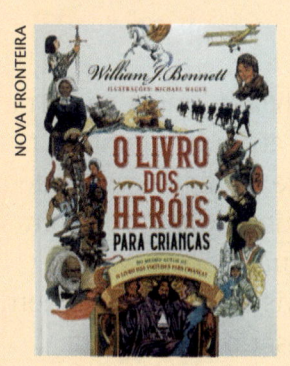

O livro dos heróis para crianças

William J. Bennett. Rio de Janeiro: Nova Fronteira, 2021.

Entre contos, fábulas e poemas, o livro apresenta proezas incríveis em 18 narrativas que falam de compaixão, perseverança, responsabilidade, honestidade, com mensagens que mostram como é valoroso seguir o caminho do bem.

O rei Artur e os cavaleiros da Távola Redonda

Sir Thomas Malory. Laura Bacellar (adap.). São Paulo: Scipione, 2019.

Nessa história, repleta de encantamentos e traições, o rei Artur e os cavaleiros da Távola Redonda arriscam suas vidas para provar sua coragem.

Ilíada e Odisseia (resumido e animado)

Disponível em: https://www.youtube.com/watch?v=04Fb3HqOacs&t=0s.
Acesso em: 13 ago. 2022.

Que tal conhecer as obras *Ilíada* e *Odisseia* em uma animação? A narração, acompanhada das imagens, dá uma ideia do que foi a famosa guerra de Troia e um pouco mais.

LIÇÃO 6

POR QUE O SOL E A LUA FORAM MORAR NO CÉU

VAMOS COMEÇAR!

Você já parou para pensar por que o sol e a lua ficam no céu?

Leia a seguir um conto de origem africana que traz uma explicação para esse fenômeno.

Por que o sol e a lua foram morar no céu

Há muito tempo, o sol e a água eram grandes amigos e viviam juntos na Terra. Habitualmente o sol visitava a água, mas esta jamais lhe retribuía a gentileza.

Por fim, o sol quis saber qual o motivo do seu desinteresse e a água respondeu que a casa do sol não era grande o bastante para que nela coubessem todos com que vivia e, se aparecesse por lá, acabaria por despejá-lo de sua própria casa.

– Caso você queira que eu realmente o visite, terá que construir uma casa bem maior do que a que tem no momento, mas desde já fique avisado de que terá que ser algo realmente muito grande, pois o meu povo é bem numeroso e ocupa bastante espaço.

O sol garantiu-lhe que poderia visitá-lo sem susto, pois trataria de tomar todas as providências necessárias para tornar o encontro agradável para ela e para todos que a acompanhassem. Chegando em casa, o sol contou à lua, sua esposa, tudo o que a água lhe pedira e ambos se dedicaram com muito esforço à construção de uma casa enorme que comportasse sua visita.

Quando tudo estava pronto, convidaram a água para visitá-los.

Chegando, a água ainda foi amável e perguntou:

JOSÉ LUIS JUHAS/ILUSTRA CARTOON

112

– Vocês têm certeza de que realmente podemos entrar?

– Claro, amiga água – respondeu o sol.

A água foi entrando, entrando e entrando, acompanhada de todos os peixes e mais uma quantidade absurda e indescritivelmente grande, incalculável mesmo, de criaturas aquáticas. Em pouco tempo a água já se encontrava nos joelhos.

– Vocês estão certos de que todos podem entrar? – insistiu preocupada.

– Por favor, amiga água – insistiu a lua.

Diante da insistência de seus anfitriões, a água continuou a despejar sua gente para dentro da casa do sol. A preocupação voltou quando ela atingiu a altura de um homem.

– Ainda posso entrar? – insistiu – Olha que está ficando cheio demais...

– Vai entrando, minha amiga, vai entrando – o sol realmente estava muito feliz com a sua visita.

A água continuou entrando e jorrando em todas as direções e, quando deram pela coisa, o sol e a lua viram-se forçados a subir para o alto do telhado.

– Acho que vou parar... – disse a água, receosa.

– O que é isso, minha água? – espantou-se o sol, mais do que educado, sem esconder uma certa preocupação.

A água continuou jorrando, empurrando seu povo para dentro, ocupando todos os cômodos da ampla casa, inundando tudo e, por fim, fazendo com que o sol e a lua, sem ter mais para onde ir ou se refugiar, subissem para o céu, onde estão até hoje.

Júlio Emílio Braz. *Sikulume e outros contos africanos*. Rio de Janeiro: Pallas, 2005.

ESTUDO DO TEXTO

1 Quem são os personagens do conto?
_____
_____

2 Segundo o conto, por que a água não retribuía as visitas que o sol lhe fazia?
_____
_____
_____

3 Qual foi a providência que o sol tomou para tornar possível a visita da água a sua casa?
_____
_____

4 Que indícios levam a água a acreditar que a casa do sol não comportaria todos que a acompanhassem?
_____
_____
_____

5 Quem era a "gente" que acompanhava a água?
_____
_____

6 Em certo momento, o sol começou a perceber a situação de transbordamento da casa. Copie do texto o trecho que confirma essa percepção.
_____
_____
_____

7 Converse com os colegas e o professor. Justifique suas respostas.

a) Em sua opinião, o sol agiu corretamente ao insistir que a água continuasse a entrar, mesmo percebendo que a casa ia inundar?

b) E como você avalia o comportamento da água?

c) Você acha que o conto traz uma boa explicação para o fato de o sol e a lua estarem no céu?

8 Releia esta frase do conto.

> A água foi entrando, entrando e entrando, acompanhada de todos os peixes e mais uma **quantidade absurda** e **indescritivelmente grande**, **incalculável mesmo**, de criaturas aquáticas.

As expressões destacadas nessa frase foram empregadas para:

☐ indicar os tipos de criatura que acompanhavam a água.

☐ indicar que a casa que o sol e a lua construíram era pequena para as criaturas.

☐ intensificar a quantidade de seres que acompanhavam a água.

9 Circule nos trechos a seguir as expressões que se referem às criaturas que acompanhavam a água.

> Diante da insistência de seus anfitriões, a água continuou a despejar sua gente para dentro da casa do sol. A preocupação voltou quando ela atingiu a altura de um homem.

> A água continuou jorrando, empurrando seu povo para dentro, ocupando todos os cômodos da ampla casa [...]

10 Leia.

> A água continuou entrando e jorrando em todas as direções e, quando **deram pela coisa**, o sol e a lua viram-se forçados a subir para o alto do telhado.

Que outra palavra ou expressão poderia substituir a destacada sem alterar o sentido da frase?

_____

115

ESTUDO DA LÍNGUA

Adjetivo

> **Adjetivo** é a palavra que expressa característica, qualidade, estado, aparência dos seres.

1 Releia os trechos a seguir, do conto "Por que o sol e a lua foram morar no céu", páginas 112 e 113.

> A água foi entrando, entrando e entrando, acompanhada de todos os peixes e mais uma **quantidade** absurda e indescritivelmente grande, incalculável mesmo, de **criaturas** aquáticas. Em pouco tempo a água já se encontrava nos joelhos.

> O sol garantiu-lhe que poderia visitá-lo sem susto, pois trataria de tomar todas as providências necessárias para tornar o **encontro** agradável para ela e para todos que a acompanhassem. Chegando em casa, o sol contou à lua, sua esposa, tudo o que a água lhe pedira e ambos se dedicaram com muito esforço à construção de uma **casa** enorme que comportasse sua visita.

Copie os substantivos destacados nos trechos. Depois, escreva o adjetivo que se refere a cada substantivo.

_____
_____
_____

2 Depois de ter lido o conto, quais adjetivos você usaria para caracterizar:

a) o sol?

_____

b) a lua?

_____

c) a água?

_____

Grau do adjetivo

Leia estas frases.

> O barco é **tão** moderno **quanto** o veleiro.
> O barco é **menos** moderno **do que** o veleiro.
> O veleiro é **mais** moderno **do que** o barco.

Nessas frases, o adjetivo **moderno** está no grau comparativo.

> **O grau comparativo** do adjetivo é usado para comparar a mesma característica entre os seres.

O grau comparativo pode ser:
- **de igualdade**: tão... quanto / como...
  Marisa é **tão** estudiosa **quanto** Gabriela.
- **de inferioridade**: menos... (do) que...
  Marisa é **menos** estudiosa **do que** Lúcia.
- **de superioridade**: mais... (do) que...
  Marisa é **mais** estudiosa **do que** Rosa.

Os adjetivos **bom**, **mau**, **grande** e **pequeno** possuem formas especiais para o comparativo de superioridade. Observe.

> bom – **melhor**
> Rir é **melhor** que chorar.

> grande – **maior**
> O trem é **maior** que o carro.

> mau – **pior**
> Guerra é **pior** que paz.

> pequeno – **menor**
> O carro é **menor** que o caminhão.

Agora leia.

> As pessoas ficaram **muito zangadas**.
> As pessoas ficaram **zangadíssimas**.

Nessas frases, o adjetivo está no grau superlativo.

> **O grau superlativo** do adjetivo indica uma característica em sua maior intensidade.

Podemos formar o grau superlativo:
- acrescentando ao adjetivo as terminações **-íssimo**, **-ílimo** ou **-érrimo**.

> João está **tristíssimo**!
> Este ditado é **facílimo**.
> Pedro está **macérrimo**.

- usando, com o adjetivo, as palavras **muito**, **bastante**, **pouco**, **o menos**, **o mais** ou **super**.

> O mar está **muito calmo**.
> A menina era **bastante curiosa**.
> Gustavo é o **mais sabido** da classe.

Observe alguns superlativos.

ágil	**agílimo**	frágil	**fragilíssimo**
agradável	**agradabilíssimo**	grande	**máximo**
amargo	**amaríssimo**	hábil	**habilíssimo**
amável	**amabilíssimo**	humilde	**humilíssimo**
amigo	**amicíssimo**	infeliz	**infelicíssimo**
antigo	**antiquíssimo**	inteligente	**inteligentíssimo**
áspero	**aspérrimo**	magro	**macérrimo, magérrimo**
baixo	**ínfimo**	mau	**péssimo**
bom	**ótimo**	novo	**novíssimo**
célebre	**celebérrimo**	pessoal	**personalíssimo**
comum	**comuníssimo**	pobre	**paupérrimo**
confortável	**confortabilíssimo**	popular	**popularíssimo**
cruel	**crudelíssimo**	sábio	**sapientíssimo**
difícil	**dificílimo**	sagrado	**sacratíssimo**
fácil	**facílimo**	simples	**simplicíssimo**
feliz	**felicíssimo**	terrível	**terribilíssimo**
fiel	**fidelíssimo**	útil	**utilíssimo**

ATIVIDADES

1 Releia o trecho abaixo, do conto "Por que o sol e a lua foram morar no céu", das páginas 112 e 113.

> – O que é isso, minha água? – espantou-se o sol, mais do que educado, sem esconder uma certa preocupação.

a) Que adjetivo caracteriza o sol nesse trecho?

_____

b) Que expressão intensifica o adjetivo?

_____

2 Crie frases comparando as características entre dois seres e usando as palavras **melhor**, **pior**, **maior** e **menor**.

_____
_____
_____
_____

3 Leia a tirinha a seguir.

Adão Iturrusgarai. *Kiki*: a primeira vez. São Paulo: Devir, 2002.

a) Você gosta de ler tirinhas? Por quê?

_____
_____

b) O último quadrinho das tirinhas costuma surpreender o leitor e provocar humor. Isso aconteceu? Explique a um colega.

c) Na tirinha, uma das personagens diz que "está ficando apaixonadíssima". O que significa **estar apaixonadíssima**?

_____

4 Complete as frases de acordo com o comparativo que se pede.

superioridade

Paulo é _____ elegante _____ João.

Sua cama é _____ confortável _____ a dele.

Este juiz é _____ calmo _____ o outro.

inferioridade

O gato é _____ feroz _____ o cão.

O cachorro é _____ peludo _____ o gato.

Meu cabelo é _____ louro _____ o dele.

igualdade

Aquela professora é _____ capaz _____ a outra.

A motocicleta é _____ rápida _____ o carro.

Sua ideia é _____ boa _____ a minha.

5 Complete as frases com o adjetivo dos parênteses, no grau que se pede.

a) Os escritores são _____ os músicos.
(criativos – comparativo de igualdade)

b) As crianças são _____ os adultos.
(ingênuas – comparativo de superioridade)

c) Aquele motorista é _____ o outro.
(nervoso – comparativo de inferioridade)

6 Dê o grau superlativo.

baixo _____ fácil _____

bom _____ grande _____

mau _____ ágil _____

magro _____ difícil _____

7 Escreva a forma normal dos superlativos abaixo.

antiquíssimo _____ sapientíssimo _____

dulcíssimo _____ brevíssimo _____

velocíssimo _____ notabilíssimo _____

horribilíssimo _____ felicíssimo _____

8 Escreva novamente as frases, colocando os adjetivos destacados no grau superlativo.

a) A prova foi **difícil**. _____

b) **Bela** pesquisa! _____

c) Que torta **saborosa**! _____

d) Esta mesa é **útil**. _____

e) Aquele homem é **pobre**. _____

9 Indique o grau dos adjetivos.

a) Você é tão inteligente quanto seu irmão.

_____

b) Aquela aluna é estudiosíssima.

_____

c) Sônia é mais ativa do que Vera.

_____

d) Cristina é menos atenciosa do que Paulo.

_____

Discurso direto e discurso indireto

1 Releia o trecho a seguir.

> Chegando, a água ainda foi amável e perguntou:
> — Vocês têm certeza de que realmente podemos entrar?
> — Claro, amiga água — respondeu o sol.

Nesse trecho, quais sinais de pontuação introduzem as falas das personagens?

_____

> Em um texto, quando as falas das personagens são reproduzidas diretamente, temos o **discurso direto**. Alguns verbos, como **falar, dizer, perguntar, indagar**, são usados para introduzir e dar vida à fala das personagens. Sinais gráficos, como dois-pontos, aspas, travessões e exclamações, são muito usados durante a reprodução das falas.

2 Leia o trecho abaixo e, em seguida, responda ao que se pede.

> Há muito tempo, o sol e a água eram grandes amigos e viviam juntos na Terra.
> Habitualmente o sol visitava a água, mas esta jamais lhe retribuía a gentileza.
> Por fim, o sol quis saber qual o motivo do seu desinteresse e a água respondeu que a casa do sol não era grande o bastante para que nela coubessem todos com que vivia e, se aparecesse por lá, acabaria por despejá-lo de sua própria casa.

Que diferença você consegue perceber entre essa forma de escrever o texto e a forma apresentada na atividade 1?

_____
_____
_____
_____
_____

Quando o narrador conta a história e utiliza as próprias palavras para reproduzir as falas e as reações das personagens, temos o **discurso indireto**.
Tanto o discurso direto como o discurso indireto são introduzidos por verbos, como dizer, perguntar, responder, comentar, falar, observar, retrucar, replicar, exclamar, aconselhar, gritar, murmurar, entre outros.

3 Reescreva os trechos abaixo, extraídos do conto, como se fosse o narrador contando o que os personagens conversam.

[...] Em pouco tempo a água já se encontrava nos joelhos.
— Vocês estão certos de que todos podem entrar? — insistiu preocupada.
— Por favor, amiga água — insistiu a lua.

_____
_____
_____
_____

— Acho que vou parar... — disse a água, receosa.
— O que é isso, minha água? — espantou-se o sol, mais do que educado, sem esconder uma certa preocupação.

_____
_____
_____
_____

123

ORTOGRAFIA

Palavras com g e j

1 Leia atentamente as palavras dos quadros e observe as diferenças.

Escrevem-se com g				
agir	coragem	gengibre	giz	restringir
agitar	digestão	gerânio	herege	rigidez
algemar	digestivo	gergelim	margear	tangerina
algibeira	dirigir	geringonça	margem	tigela
angélico	estrangeiro	gesto	megera	vagem
angelical	ferrugem	gigante	monge	vegetal
argila	fingir	gilete	mugido	vertigem
aterragem	fugir	girafa	rabugento	vigésimo
auge	fuligem	gíria	rabugice	vigília

Escrevem-se com j			
ajeitar	enjeitar	jenipapo	pajem
brejeiro	gorjear	jiboia	rejeição
cafajeste	gorjeta	jiló	sarjeta
canjica	hoje	laje	sujeito
cerejeira	jeca	majestade	traje
desajeitado	jeito	objeção	varejeira

- Escreva outros exemplos de palavras escritas com **g** e com **j**.

_____

_____

2 Complete com g ou j e copie.

a__ir _____   tan__erina _____

gor__eta _____   ri__idez _____

ferru__em _____   __eito _____

can__ica _____   vi__ia _____

a__itado _____   a__eitado _____

via__ar _____   via__em _____

3 Coloque as palavras do quadro em ordem alfabética.

> berinjela   jiboia   cafajeste   sujeito
> majestade   sarjeta   pajem   traje

_____

_____

_____

_____

4 Separe as sílabas destas palavras.

angelical _____   giz _____

dirigir _____   girafa _____

viagem _____   vagem _____

rabugento _____   gigante _____

125

5 Escolha duas palavras da atividade anterior e forme uma frase com elas.

_____

_____

_____

Palavras com r e rr

Você já sabe que a letra **r** pode ter diferentes sons.

> **r** inicial (som forte): **r**iscos, **r**egistros, **r**oupa, **r**egressiva
> **rr** (som forte entre vogais): ca**rr**o, co**rr**eu, a**rr**anjando, go**rr**os
> **r** entre vogais (som brando): ga**r**otas, Lau**r**a, cu**r**ioso, fé**r**ias

ATIVIDADE

1 Leia as palavras e escreva-as na coluna adequada.

Renato	varre	remo	carinho
tontura	burro	história	rumo
redondo	corrida	mentira	arrumação

R (som forte)	RR (som forte entre vogais)	R (som brando entre vogais)

UM TEXTO PUXA OUTRO

Você e os colegas farão a leitura oral compartilhada de um texto de divulgação científica, que ampliará seu conhecimento sobre personagens do conto lido no início desta lição.

Se a Lua está sempre inteira no espaço, como é que nem sempre é Lua cheia?

Crescente, nova, cheia, minguante... Você já deve ter ouvido falar das fases da Lua. E certamente já observou que ela, o satélite natural da Terra, nem sempre se apresenta da mesma forma no céu. Se hoje podemos vê-la toda iluminada, dias depois pode parecer que está faltando um pedaço. Curioso é que a Lua está sempre do mesmo jeito, inteirinha lá no Espaço. As fases da Lua são apenas uma característica da posição de quem a observa daqui, da Terra.

O que chamamos "fase" da Lua é simplesmente a parte iluminada da Lua que nós vemos. Sim, a Lua é iluminada pelo Sol, assim como a Terra. A metade voltada para o Sol fica iluminada, a metade oposta, não. Então, tem noite na Lua também? Sim! Na parte iluminada, é período diurno. Na não iluminada, é noturno. Como a Lua gira ao redor do nosso planeta (dizemos que está em órbita da Terra) e, a Terra, por sua vez, gira ao redor do Sol, na medida em que esses movimentos vão se desenrolando, nós, aqui embaixo, vamos vendo mais ou menos da parte da Lua iluminada pelo Sol.

Se a Lua está passando por uma região do Espaço onde a Terra não recebe a luz do Sol, nós vemos mais da metade da Lua iluminada. Se a lua está girando por uma região do Espaço onde a Terra recebe a luz do Sol, vemos menos da metade da Lua iluminada.

Quando a Lua está exatamente no meio caminho entre o Sol e a Terra, vemos a metade da metade iluminada – são as fases conhecidas como quartos: quarto crescente e quarto minguante. As outras duas fases mais famosas são exatamente quando vemos toda a região iluminada da Lua: a Lua cheia e a Lua nova.

Veja o desenho para entender melhor...

Olhando da Terra, os quartos crescente e minguante são visíveis quando a metade iluminada da Lua está exatamente alinhada com a metade iluminada da Terra. Quando a Lua está na posição que corresponde ao meio-dia verdadeiro, isto é, quando o Sol na sua posição mais elevada quando visto da Terra na mesma direção, é Lua Nova – que é quando nada vemos da metade

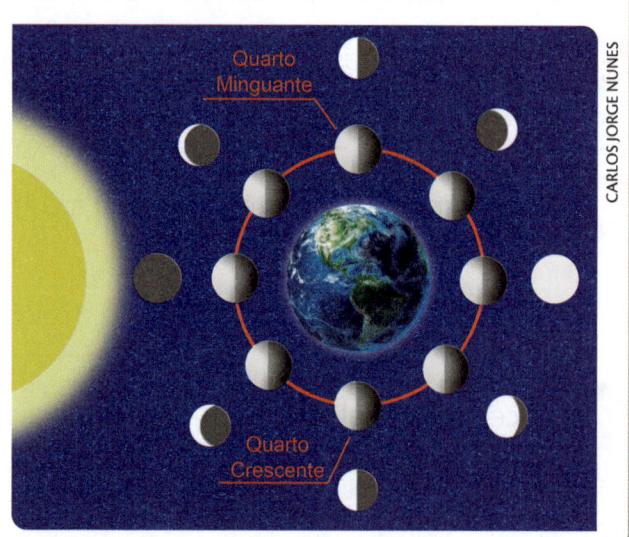

127

iluminada da Lua. Já quando a Lua está na posição que corresponde à meia-noite verdadeira (o oposto do meio dia verdadeiro), é Lua cheia!

Vários povos que usam as fases de Lua como forma de contagem do tempo consideram a Lua nova como um zero ou um começo. Em várias cidades do interior corre a lenda de que alguns homens se transformam em lobos (lobisomem) nas noites de Lua cheia.

Disponível em: http://chc.org.br/artigo/fases-da-lua/. Acesso em: 5 ago. 2022.

1 Quais personagens do conto lido são citados nesse texto?

2 No conto lido, o sol e a lua têm atitudes humanas. Isso ocorre no texto que você acabou de ler? Por quê?

3 Qual a relação entre o sol e a lua nesse texto de divulgação científica?

4 Qual a função da imagem presente nesse texto?

5 O texto define as fases da lua de uma maneira mais fácil. Que definição é essa?

6 De que forma a lua está conectada à cultura de um povo?

7 Você conhece algum outro papel da lua na cultura do povo brasileiro?

EU GOSTO DE APRENDER MAIS

Contar histórias é uma prática muito antiga. Leia o texto a seguir, sobre a tradição de contar histórias oralmente. Depois, conte para os familiares sobre o que leu.

Pesquise um conto antigo de tradição oral e conte-o para os colegas. O professor vai combinar como será o dia dos "Contos de tradição oral".

[...]

Histórias despertam emoções, interesses e expectativas, ouvir e contar histórias representa cultura, valores e conhecimentos que muitas vezes são passados de geração para geração [...]

As histórias podem ser contadas em diversas ocasiões, como por exemplo, em casa por um familiar antes de dormir ou na hora de acordar, na escola por um professor, em um teatro reproduzido por autores, enfim, existem vários locais e possibilidades para se ouvir uma história [...]

Em todos os tempos existiram contadores de histórias, que narravam seus conhecimentos que eram aprendidos na oralidade, contavam histórias durante o trabalho, nas cozinhas, embaixo das árvores, em volta das lareiras, ou para as crianças antes de dormir.

Nessas épocas existiam bastantes lendas que eram transmitidas de geração para geração, já se trabalhava o imaginário através do que se ouvia de pais ou avós que geralmente contavam histórias de seu passado.

Nas sociedades antigas, contar histórias não tinha uma finalidade como hoje temos, as histórias eram contadas como conversa, passatempo entre família e amigos em suas casas ou comunidades, um instrumento utilizado para passar informações através do tempo.

[...]

Disponível em: https://educacaopublica.cecierj.edu.br/artigos/21/22/uma-boa-historia-um-bom-contador-uma-crianca-e-a-imaginacao-caracteristicas-da-contacao-de-historias. Acesso em: 17 ago. 2022.

PRODUÇÃO DE TEXTO

Nesta lição, você conheceu alguns contos da tradição oral. Agora, prepare-se com os colegas para a escrita de uma história, que, depois, será transmitida oralmente ao restante da turma.

Preparação

Dividam-se em grupos de quatro alunos, sob a orientação do professor.

Informem-se sobre pessoas da família, da escola ou da comunidade que são contadoras de histórias.

Procurem essas pessoas e marquem com elas um momento de contação de histórias para o grupo.

Planejamento e transcrição

Peça que contem histórias de origem indígena, africana ou outra que faça parte da tradição oral brasileira, aquelas que ouviram dos pais, de tios, de avós etc. Por exemplo, fábulas, lendas ou contos tradicionais.

Gravem essas histórias e agradeçam ao contador.

Depois, reúnam-se para ouvir as gravações e selecionar a preferida do grupo.

Transcrevam a história escolhida mantendo as marcas da linguagem oral.

Revisão e reescrita

No grupo, releiam em conjunto a história escolhida e observem se ela apresenta:
- começo (situação inicial de tranquilidade);
- meio (situação problemática/conflito, tentativa de solução e clímax);
- fim (desfecho, desenlace ou conclusão);
- marcas da linguagem oral;
- sinais de pontuação, como as vírgulas, os pontos de exclamação e de interrogação, os dois-pontos e os travessões que antecedem a fala das personagens nos diálogos (discurso direto), entre outros.

Solicitem ao professor que avalie se o grupo conseguiu transcrever de forma adequada a história, com todas as partes, com clareza e se há necessidade de alterar algum item.

Façam a edição final do texto melhorando o que acharem necessário.

Depois de transcritas, vocês vão participar de uma roda de contação de histórias.

Contação de história

Chegou a hora de contar ao restante da turma a história que seu grupo transcreveu.

Contar uma história não é tão fácil. É, na verdade, uma arte. Leia algumas dicas que podem ajudá-lo nesta tarefa.
- Nas rodas de contação, assuma que é um contador de histórias. Você pode, inclusive, vestir-se a caráter.
- Conheça bem a história e seus personagens, já que ela será contada sem o auxílio de um texto.

USE VOZES DIFERENTES PARA CADA PERSONAGEM

CUIDE DA POSTURA

ENTONAÇÃO É IMPORTANTE!

FAÇA CONTATO VISUAL COM OS OUVINTES

Reúnam-se novamente em grupo. Sigam mais estas orientações.
- Treinem bastante a contação da história selecionada.
- Decidam se querem que apenas um componente do grupo conte a história ou se querem dividir a contação.
- Não se esqueçam de que uma contação de histórias é uma exposição oral que deve prender a atenção da plateia.
- No momento em que os colegas estiverem apresentando, respeitem o tempo deles e prestem atenção às histórias que estão sendo contadas.

No dia estabelecido, forme com sua turma a roda de contação.

Contem, com toda expressividade, o conto popular do grupo.

As histórias serão organizadas em um mural, após a apresentação, para que todos possam apreciá-las novamente, desta vez por escrito.

Avaliação

- A turma se comportou bem durante a roda de contação?
- A contação de histórias prendeu a atenção da turma ou gerou cansaço e desinteresse?
- O grupo agiu com sintonia no momento da contação, parecendo conhecer bem o texto transcrito?
- As histórias apresentadas foram interessantes e trouxeram informações novas para vocês?

Avaliem o que podem melhorar na próxima apresentação.

AMPLIANDO O VOCABULÁRIO

anfitrião

(an-fi-tri-**ão**): o dono da casa, que recebe os convidados para qualquer evento.

aterragem

(a-ter-**ra**-gem)
1. Ato de descer, pousar. O mesmo que aterrissagem.
Exemplo: *Apesar do mau tempo, a aterragem foi tranquila.*

Avião aterrissando.

auge

(**au**-ge): O ponto mais alto que alguma coisa pode atingir: ápice, apogeu.
Exemplo: *O artista chegou ao auge da fama.*

brejeiro

(bre-**jei**-ro): 1. Próprio de lugares alagados. Exemplo: *Ele ficou com o carro preso no brejeiro.*
2. Um jeito alegre e brincalhão. Exemplo: *Ela sorriu de um jeito brejeiro.*

vertigem

(ver-**ti**-gem): impressão que a pessoa tem de que tudo está rodando em volta dela; tontura. Exemplo: *A vertigem a deixou sem saber onde estava.*

LEIA MAIS

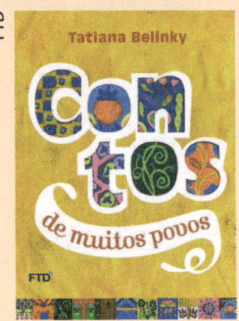

Contos de muitos povos

Tatiana Belinky. São Paulo: FTD, 2020.

Nessa obra, estão reunidas muitas histórias populares, de diferentes partes do mundo, transmitidas de geração em geração.

Sona: contos africanos desenhados na areia

Rogério Andrade Barbosa. São Paulo: Editora do Brasil, 2020.

Nesse livro, você poderá acompanhar algumas histórias que vieram de um povo africano que adora contá-las: o povo quioco. Junto a elas, desenhos feitos na areia transmitem ensinamentos e encantam quem os vê.

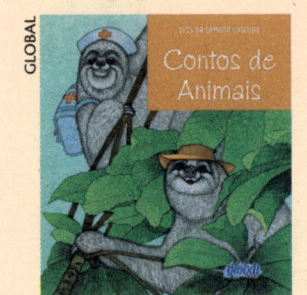

Contos de animais

Luís da Câmara Cascudo. São Paulo: Global, 2013.

Contos divertidos e curtinhos para conhecer melhor a tradição popular foram registrados nesse livro por Câmara Cascudo. Você poderá acompanhar as histórias do sapo e do coelho, do gato e da raposa e de outros tantos animais.

Coisas de índio: versão infantil

Daniel Munduruku. São Paulo: Callis, 2019.

Nesse livro, o indígena Daniel Munduruku apresenta histórias sobre sua cultura. Ao longo das narrativas, você poderá conhecer histórias que ampliarão seu conhecimento não apenas sobre a cultura popular, mas sobre geografia, história, arte etc.

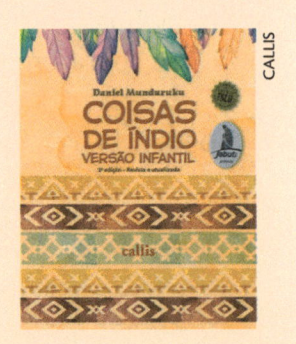

LIÇÃO 7 — UM JOGO MUITO ANTIGO

VAMOS COMEÇAR!

Você conhece o jogo dominó? Sabe quantas peças ele tem e como se joga? Leia a seguir as regras desse jogo muito antigo.

Dominó

REGRAS
Idade: a partir de 4 anos.
Participantes: 2 a 4 pessoas.
Componentes: 28 peças.
Objetivo: livrar-se de todas as peças que possui.

Preparação:
- Embaralhem as peças sobre a mesa, com a face das figuras voltada para baixo.
- Cada jogador pega 7 peças e não deve deixar que o adversário veja as suas figuras.
- Se sobrarem peças, devem formar um monte que servirá para compra.

Jogo:
- Para iniciar, cada jogador verifica se tem, entre suas peças, a dupla de 6 pontos (figura 1) e a coloca sobre a mesa.

Figura 1

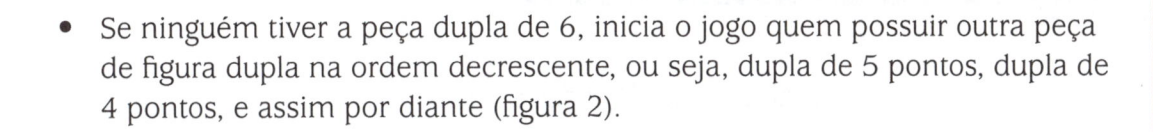

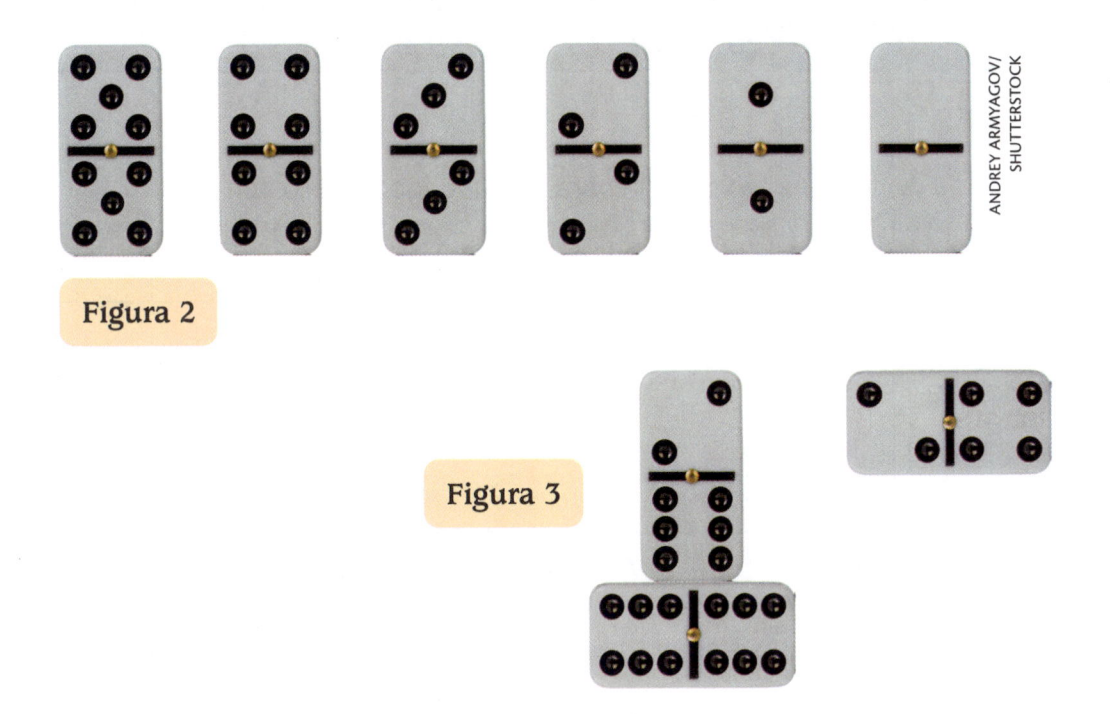

- Se ninguém tiver a peça dupla de 6, inicia o jogo quem possuir outra peça de figura dupla na ordem decrescente, ou seja, dupla de 5 pontos, dupla de 4 pontos, e assim por diante (figura 2).

Figura 2

ANDREY ARMYAGOV/SHUTTERSTOCK

Figura 3

- Cada jogador deve tentar encaixar alguma peça sua nas peças que estão na extremidade do jogo, uma por vez (figura 3). Quando um jogador consegue encaixar uma peça, a vez é passada para o próximo jogador à direita.
- Caso o jogador não tenha nenhuma peça que encaixe nas extremidades, ele deve passar a vez, sem jogar. Se a partida estiver sendo disputada com 2 ou 3 jogadores, pode-se comprar peças do monte até conseguir uma que encaixe. Se, mesmo assim, não conseguir a peça, o jogador fica uma rodada sem jogar e acumula todas as peças compradas na mão.

VENCEDOR
- Ganha o jogo quem conseguir encaixar primeiro todas as peças que estão na sua mão.

Fonte de pesquisa: Club Grow. 9 Superjogos clássicos. Disponível em: https://bit.ly/2L5B4Yt. Acesso em: 15 jul. 2022.

ESTUDO DO TEXTO

1 As regras do jogo dominó estão divididas em seis partes.
Complete o quadro com a função das partes que estão em branco.

Parte	Função
Idade	Indica a faixa etária para a qual o jogo é recomendado.
Participantes	
Componentes	Mostra os elementos que compõem o jogo, isto é, as peças.
Objetivo	Apresenta o que se espera alcançar ao final do jogo.
Preparação	
Jogo	

2 Quem pode jogar dominó, segundo as regras?

_____

_____

_____

3 Releia.

> **Participantes:** 2 a 4 pessoas.
> **Preparação:**
> - Embaralhem as peças sobre a mesa, com a face das figuras voltada para baixo.
> - Cada jogador pega 7 peças e não deve deixar que o adversário veja as suas figuras.
> - Se sobrarem peças, devem formar um monte que servirá para compra.

Com quantos participantes sobram peças para comprar?

_____

_____

4 Na apresentação das regras aparecem imagens indicadas como Figura 1, Figura 2 e Figura 3. Assinale as alternativas que mostram a função dessas imagens.

☐ Deixar o texto mais bonito e agradável.

☐ Complementar o texto escrito.

☐ Mostrar como são as peças do jogo.

☐ Repetir a informação do texto escrito.

5 Em que lugar essas regras de jogo poderiam ser publicadas?

_____

_____

_____

ESTUDO DA LÍNGUA

Verbos

Leia.

> Ela **joga** dominó.

A palavra **joga** exprime uma ação.

> O jogador **fica** uma rodada sem jogar.

A palavra **fica** exprime um estado.

> **Trovejou** muito hoje.

A palavra **trovejou** indica um fenômeno da natureza.

> **Verbos** são palavras que exprimem ação, estado, fato ou fenômeno da natureza.

Os verbos estão distribuídos em três conjugações:

1ª conjugação	2ª conjugação	3ª conjugação
verbos terminados em **-ar**: cant**ar**, fal**ar**, estud**ar**	verbos terminados em **-er**: escrev**er**, vend**er**, varr**er**	verbos terminados em **-ir**: fug**ir**, part**ir**, dorm**ir**

O verbo muda de forma para indicar a pessoa, o número, o tempo e o modo.

Pessoas do verbo

O verbo varia em número e pessoa.

	singular	plural
1ª pessoa	Eu planto	Nós plantamos
2ª pessoa	Tu plantas	Vós plantais
3ª pessoa	Ele planta	Eles plantam

Tempos do verbo

Os tempos do verbo são três:
1) **presente** (hoje, agora): Eu trabalho.
2) **passado** ou **pretérito** (ontem, há pouco): Eu trabalhei.
3) **futuro** (amanhã, mais tarde): Eu trabalharei.

Modos do verbo

Os modos do verbo são:
1) **indicativo** (indica um fato certo, real, positivo): Julieta pula corda.
2) **subjuntivo** (indica um fato incerto, duvidoso): Talvez ela pule corda.
3) **imperativo** (indica uma ordem ou pedido): Pule corda!
   O imperativo pode ser:
- **afirmativo**: Julieta, pule corda!
- **negativo**: Julieta, não pule corda!

Formas nominais do verbo

Há ainda as formas nominais do verbo, que são:
1) **infinitivo**: plantar, correr, cair.
2) **gerúndio**: plantando, correndo, caindo.
3) **particípio**: plantado, corrido, caído.

ATIVIDADES

1 Indique o que os verbos destacados exprimem. Veja o exemplo.

Clarita **está** doente – **estado**

a) **Choveu** bastante nesses últimos dias. _____

b) André **anda** de patins. _____

c) As crianças **ficaram** felizes. _____

d) O feirante **vendeu** todas as verduras. _____

2 Numere corretamente os verbos abaixo, usando os seguintes códigos:

| **1** | ação | **2** | estado | **3** | fenômeno da natureza |

☐ Ana está triste com seu pai.

☐ Carlos escreve muito durante o dia.

☐ Ventou bastante noite passada.

3 Dê o modo dos verbos destacados nestas frases.

a) **Dancei** valsa com Celso. _____

b) Se eu **comprasse** este carro! _____

c) **Prestem** atenção! _____

d) Nós **cantamos** no coral. _____

4 Escreva se o verbo está no infinitivo, no gerúndio ou no particípio.

sorrir _____ encontrado _____

escrevendo _____ comprar _____

cantando _____ chorando _____

brincando _____ andar _____

lutando _____ esperado _____

5 Indique o tempo em que estão os verbos das frases a seguir.

a) Eu reparti meu lanche com ele.

_____

b) Nós fazemos doce.

_____

c) Betinho andou de patins.

_____

d) Ele partirá amanhã.

_____

6 Pesquise em jornais, revistas e dicionários, e complete os quadros com verbos da:

1ª conjugação	2ª conjugação	3ª conjugação

7 O texto a seguir trata da origem de algumas brincadeiras.

> A maioria dessas brincadeiras [amarelinha, bola de gude, soltar pipa, brincar de pique-esconde, passa anel, pular elástico e jogar queimada] não tem inventor conhecido. Os jogos infantis **são** passados de geração para geração, de pai para filho. Tudo que se sabe é que essas brincadeiras surgiram há muito tempo. **É** o caso, por exemplo, da amarelinha. Os cidadãos da Grécia Antiga brincaram de amarelinha, de empinar papagaios e de jogar bolinhas no chão. E isso foi passado para outros povos até chegar a nossa realidade.
>
> Disponível em: https://plenarinho.leg.br/index.php/2018/07/brincadeiras-tradicionais/. Acesso em: 5 ago. 2022.

As duas palavras destacadas no texto são formas flexionadas de qual verbo?

_____

8 Complete as frases com os verbos entre parênteses no pretérito.

a) Eu _____ uma ideia. (ter)

b) Ele _____ ao cinema. (ir)

c) Nós _____ na loja. (estar)

d) Eles _____ jantar. (ir)

9 Leia estas regras para o jogo Amarelinha.

> 1. **Desenhe** um diagrama tradicional de amarelinha. [...]
> 2. **Jogue** uma pequena pedra, galho, saquinho de feijão ou outro marcador no primeiro quadrado. [...]
> 3. **Pule** com um pé no primeiro quadrado vazio e, em seguida, em cada quadrado vazio subsequente. Certifique-se de pular aquele em que seu marcador está.
> 4. Nos pares (4-5 e 7-8), pule com os dois pés.
> 5. Ao 10, **salte** com os dois pés, vire-se e volte para o início.
> 6. Quando você alcançar o quadrado marcado novamente, **pegue** o marcador – ainda em um pé! – e conclua o curso.
> 7. Se você terminou sem erros, **passe** o marcador para o próximo jogador. Em sua próxima jogada, jogue o marcador para o próximo número.
> 8. Se você cair, pular fora das linhas ou perder uma casa ou marcador, você perde sua vez e deve repetir o mesmo número na próxima jogada. Quem chegar primeiro ao 10, vence.
>
> Disponível em: https://paisefilhos.uol.com.br/crianca/como-jogar-amarelinha-aprenda-as-regras-basicas-e-as-cinco-variacoes-para-se-divertir-no-dia-das-criancas/. Acesso em: 5 ago. 2022.

a) Em que modo estão os verbos destacados?

_____

b) O que esse modo exprime nesse texto?

☐ pedido ☐ ordem ☐ conselho

10 Que outro verbo presente nas regras é sinônimo do verbo **terminar**?

☐ certificar ☐ concluir

☐ virar ☐ repetir

11 Releia a terceira dica. Qual é o sentido do verbo certificar-se ("Certifique-se")?

_____

_____

_____

12 O texto abaixo apresenta instruções para construir um brinquedo chamado "Perna de pau". Complete as lacunas com os verbos entre parênteses, no modo imperativo.

Perna de pau

Material
- 2 tocos de madeira;
- 2 estacas de madeira;
- 2 pregos e um martelo.

Como fazer

_____ (encontrar) tocos de madeira com espaço para cada um dos seus pés.

Com o martelo, _____ (pregar) as estacas em um dos lados de cada toco.

_____ (subir) nos tocos com o apoio da estaca e _____ (começar) a andar.

Dica

_____ (pedir) ajuda a um adulto para usar o martelo.

Texto das autoras.

13 Leia a tirinha.

> VAMOS BRINCAR DE TELEFONE SEM FIO?
> TÁI
> PODE SERI
> VAMOSI

Alexandre Beck. *Armandinho*. Acervo do cartunista.

a) O que Armandinho quer fazer?

b) Ele realmente conseguiu fazer o que queria? Por quê?

c) Quais verbos os amigos utilizaram para concordar com Armandinho?

_____

d) Um dos verbos que você escreveu no item **c** está escrito conforme a oralidade. Que verbo é esse? Qual é sua grafia formal?

_____

e) O que você observa, em uma palavra, para saber se ela é um verbo?

_____
_____

14 Complete cada frase com o verbo entre parênteses no tempo adequado.

a) No ano passado, eu _____ comer pipoca todo dia, na saída da escola. (costumar)

b) Se você _____ me visitar, poderíamos brincar um pouco. (vir)

c) Quando você _____ me visitar, poderemos brincar um pouco. (vir)

d) Já são 8 horas, e Ana e Cátia ainda não _____ do cinema. (voltar)

15 Siga o exemplo, usando o imperativo afirmativo.

> Ele fala só a verdade. Fale somente a verdade.

a) Ele bebe toda a água. _____ toda a água.

b) Ele paga a promessa. _____ a promessa.

16. Leia estas dicas de como economizar água.

1. **Feche** a torneira ao escovar os dentes.
2. Não **tome** banhos demorados.
3. **Mantenha** a válvula de descarga do vaso sanitário sempre regulada e não use o vaso como lixeira ou cinzeiro.
4. **Conserte** os vazamentos o quanto antes.

Menino escova os dentes sem desperdiçar água.

a) Quais dessas recomendações você já segue?

b) Quais você pode passar a seguir?

c) Em que modo estão conjugados os verbos destacados?

d) Usando pelo menos um verbo nesse modo, crie mais uma dica de economia de água que crianças e jovens possam seguir.

Verbos são palavras que se flexionam (modificam) para mostrar as diferentes pessoas (eu, tu, ele, nós, vós, eles), os diferentes tempos (presente, passado, futuro) e os diferentes modos (indicativo, subjuntivo, imperativo). Exemplos: **ando, fazem, eram, queria** etc.

ORTOGRAFIA

Verbos terminados em -ram e -rão

1 Leia as frases e responda.

> Os alunos **apresentaram** o trabalho na última sexta-feira.

a) Em que tempo verbal está conjugado o verbo destacado?

_____

> Os alunos **apresentarão** o trabalho na sexta-feira que vem.

b) Em que tempo verbal está conjugado o verbo destacado?

_____

c) Compare as duas formas. Qual é a diferença entre elas?

> Eles **apresentaram**. Eles **apresentarão**.

_____
_____

d) Leia as duas formas em voz alta. Você percebeu alguma diferença entre elas?

_____
_____

2 Complete os espaços com o verbo entre parênteses. Observe o tempo verbal pedido e fique atento à grafia final dos verbos.

a) Minhas amigas _____ muito bem na apresentação de ontem. (dançar – pretérito)

b) Na próxima semana, as meninas _____ o espetáculo novamente. (apresentar – futuro)

c) Todos _____ muito a apresentação. (aplaudir – pretérito)

d) Os alunos se _____ muito se não pararem de correr. (cansar – futuro)

Uso de **tem** ou **têm**

> **Tem** é a terceira pessoa do singular do verbo **ter**.
> **Têm** é a terceira pessoa do plural do verbo **ter**.
> Usamos **tem** para o singular e **têm** para o plural.

1 Leia a tirinha.

— MINHA PIPA TEM A FORMA DE UM MORCEGO!
— A MINHA, DE AVE!
— E A SUA PIPA, TEM FORMA DE QUÊ?
— PEIXE.

Jean Galvão. Disponível em: https://tiroletas.files.wordpress.com/2017/10/bf65d80c-47b8-452a-9680-859ff90f1d92.jpeg. Acesso em: 22 jun. 2022.

a) Por que o garoto diz que sua pipa tem forma de peixe?

_____

b) A pipa da garota tem a forma de um morcego, a do garoto, de uma ave. Ambas as pipas apresentam algo em comum. O que é? Complete a frase usando o verbo **ter**.

As pipas _____.

2 Complete as frases usando **tem** ou **têm**.

a) Estas lojas _____ muitos vendedores.

b) As árvores _____ galhos.

c) Luciana _____ a revistinha do Cascão.

d) Este homem _____ uma reclamação a fazer.

e) Nossos jogadores ainda _____ alguma chance?

f) Ele ainda _____ aquela coleção de selos?

146

UM TEXTO PUXA OUTRO

O texto a seguir é um cordel. Leia-o em voz alta seguindo as orientações do professor e observando o ritmo criado pelas rimas!

O baú de surpresas

No baú da minha casa
Escutei um burburinho;
Parecia uma conversa.
Fui chegando de mansinho
E colei o meu ouvido
Na tampa do bauzinho.

[...]
Qual não foi minha surpresa
Quando vi a discussão
Entre um monte de brinquedos,
Na maior agitação!
Uns gritavam, outros riam,
Era grande a confusão!

Logo vi mané-gostoso
Fazendo uma estripulia,
Dizendo: – sou acrobata!
Muita gente me aplaudia.
Posso até virar atleta!
E alguém gritou: – "Mái Pia!"

Depois o pião falou:
– E eu sou equilibrista,
Pois rodo, rodo e não caio.
Sou melhor, e não insista;
Nessa caixa de brinquedos
Eu sou verdadeiro artista!
[...]

Mariane Bigio. *O baú de surpresas*. Fortaleza: IMEPH, 2015. p. 5-10.

1 Por que a narradora colou seu ouvido na tampa do baú?

2 O que ela descobriu ao fazer isso?

3 Qual foi a reação dela?

4 Você sabe o que é "mané-gostoso" e "pião"? Se não souber, faça uma pesquisa e registre suas descobertas.

_____

_____

5 Qual era o motivo da discussão entre mané-gostoso e o pião?

_____

_____

6 Releia a seguinte estrofe:

> Qual não foi minha surpresa
> Quando vi a discussão
> Entre um monte de brinquedos,
> Na maior agitação!
> Uns gritavam, outros riam,
> Era grande a confusão!

a) Quais palavras rimam?

_____

b) Em que versos estão essas palavras?

_____

c) Quantos versos tem essa estrofe? _____

7 Como você imagina que terminou a discussão entre os brinquedos? Crie uma estrofe seguindo a estrutura que você identificou na atividade 6 para finalizar o cordel. Mãos à obra!

_____

_____

_____

_____

_____

PRODUÇÃO DE TEXTO

Você vai escrever o passo a passo para se chegar a um "tesouro" e, depois, desenhar um mapa.

Preparação

Pense em 6 pistas. Veja o exemplo abaixo.
- (1) Saia do quarto, vire à esquerda. Siga pelo corredor.
- (2) Na sala, vire à direita até o sofá.
- (3) Do sofá, dê três passos para a esquerda.
- (4) Agora dê dois passos à frente.
- (5) Você está perto: já olhou dentro do armário?
- (6) Olha eu aqui! (dentro do pote de açúcar)

Escrita

Em uma folha, escreva cada pista em uma linha, numerando-as.

Depois, em uma folha de papel sulfite, desenhe o mapa do tesouro e coloque o número da pista a cada etapa correspondente.

Revisão

Mostre suas pistas e o mapa para um colega e conversem se as dicas estão corretas, por exemplo, se "vire à direita" ou "vire à esquerda" não estão trocadas etc. Divirta-se, seja criativo!

AMPLIANDO O VOCABULÁRIO

acrobata

(a-cro-**ba**-ta):

1. Artista que faz movimentos difíceis sobre corda ou no trapézio. Exemplo: *Mané-gostoso dizia: sou acrobata!*

2. Aviador que faz acrobacias. Exemplo: *Aquele aviador é um famoso acrobata.*

Acrobata.

Tenistas.

adversário

(ad-ver-**sá**-rio): aquele que compete com alguém; oponente.

Exemplo: *As adversárias cumprimentaram-se antes da partida.*

burburinho

(bur-bu-**ri**-nho): barulho confuso e continuado. Exemplo: *Escutei um burburinho.*

Jogo de amarelinha.

concluir

(con-clu-**ir**):

1. Acabar, terminar. Exemplo: *No jogo de amarelinha, o jogador pega o marcador em um pé só e conclui o curso.*

2. Chegar a uma afirmação a partir do que observou. Exemplo: *Depois de ver tanta lama, concluiu que a chuva tinha sido muito forte.*

estripulia

(es-tri-pu-**li**-a): bagunça, desordem, travessura. Exemplo: *A criançada fazia estripulia.*

subsequente

(sub-se-**quen**-te): que segue imediatamente a outro; seguinte.

Exemplo: *Pule em cada quadrado vazio subsequente.*

Jogo de amarelinha.

LEIA MAIS

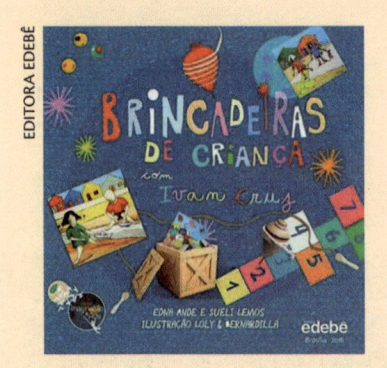

Brincadeiras de criança: com Ivan Cruz

Edna Ande e Sueli Lemos. Brasília: Edebê, 2016.

Esse livro apresenta várias brincadeiras que farão os leitores deixar o celular e o *videogame* de lado para descobrir o que é brincar de verdade.

Almanaque do Marcelo e da turma da nossa rua

Ruth Rocha e Mariana Rocha. São Paulo: Salamandra, 2020.

Um almanaque repleto de curiosidades, piadas, brincadeiras, experiências e muito mais.

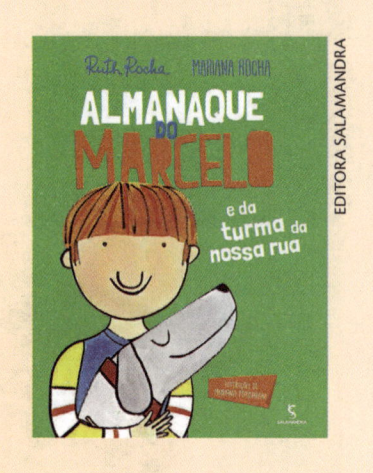

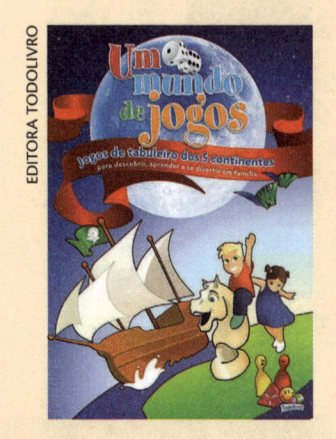

Um mundo de jogos: jogos de tabuleiro dos 5 continentes

Javier Castro. Santa Catarina: Editora Todolivro, 2016.

Descubra jogos praticados pelos faraós do Egito, imperadores romanos ou jogos africanos e muito mais. Acompanha um CD com peças e tabuleiro para imprimir. Cada jogo é uma viagem, na qual se conhecem diferentes épocas e culturas.

LIÇÃO 8
CUIDE DO SEU AMIGO!

VAMOS COMEÇAR!

Leia esta propaganda.

07 DE OUTUBRO
DIA D
CAMPANHA DE VACINAÇÃO ANTIRRÁBICA

Secretaria Municipal de **Saúde**

Me protege, me vacina.

Ipanguaçu — GESTÃO PARA TODOS

ASSESSORIA DE COMUNICAÇÃO DA PREFEITURA DE IPANGUAÇU

Campanha de vacinação contra raiva realizada pela prefeitura de Ipanguaçu (RN).

ESTUDO DO TEXTO

1 A que público a propaganda se dirige?

_____

2 Que atitude se espera do leitor dessa propaganda?

_____

_____

3 Para que o leitor tenha o comportamento esperado, a propaganda utiliza também imagens, além do texto verbal. Na propaganda:

a) quais são as imagens utilizadas?

_____

_____

b) o que está escrito na placa?

_____

_____

4 Em sua opinião, por que há um cãozinho com uma placa, pedindo que seja protegido e vacinado, em vez de um aviso, alertando diretamente os donos de cães e gatos para vaciná-los?

_____

_____

_____

As **propagandas** apresentam, geralmente, uma frase ou um texto curto sobre as imagens, para chamar a atenção do leitor.

5 Essa propaganda faz parte de uma campanha da Prefeitura de Ipanguaçu (RN).

a) Que ideia ela está divulgando?

_____

_____

> **Campanha** é um conjunto de propagandas elaboradas com o mesmo objetivo, para diversos meios de comunicação – televisão, rádio, revista, jornal etc.

6 Observe o destaque dado à expressão "Dia D" na propaganda.

07 DE OUTUBRO
DIA D
CAMPANHA DE VACINAÇÃO ANTIRRÁBICA

ASSESSORIA DE COMUNICAÇÃO DA PREFEITURA DE IPANGUAÇU/RN

Detalhe da campanha de vacinação contra raiva realizada pela prefeitura de Ipanguaçu (RN).

a) Você já usou essa expressão em alguma situação? Sabe o que ela significa?

_____

_____

b) Qual é a data indicada no título como "Dia D"?

_____

c) Com que objetivo essa expressão foi utilizada?

_____

_____

_____

7 Leia este trecho do texto que acompanhou a divulgação da propaganda na época em que foi veiculada.

> A doença é causada por um vírus que acomete os mamíferos, como cães e gatos, dentre outros, e também pode ser transmitida ao homem por meio de mordidas, arranhões, unhadas ou lambidas de animais contaminados. Para a vacinação, recomenda-se levar os cães contidos por corrente ou guia e, de preferência, conduzidos por adultos. Os gatos devem ser levados em gaiolas, transportadores, enrolados em mantas ou em sacos. Depois de vacinados, os animais não devem ser submetidos a esforços físicos. As cadelas e gatas prenhas também devem tomar a vacina. Proteja seu animal!
>
> Fonte: Prefeitura de Ipanguaçu (RN).

a) Qual é o objetivo desse texto?

_____

_____

_____

b) Quais são as instruções repassadas aos tutores que não constam no cartaz?

_____

_____

_____

_____

c) O que os tutores precisam saber sobre os cuidados pós-vacina?

_____

_____

_____

ESTUDO DA LÍNGUA

Pronomes pessoais retos, oblíquos e de tratamento

Leia estas frases com atenção.

> **Os animais** precisam de cuidados.
> **Eles** precisam de cuidados.

> **O cachorro** deve ser levado com guia pelo tutor.
> **Ele** deve ser levado com guia pelo tutor.

Você percebeu que as palavras **eles** e **ele** substituem os nomes?

Palavras que substituem ou acompanham os nomes são chamadas **pronomes**.

Os pronomes que substituem os nomes são chamados **pronomes pessoais** e podem ser **retos**, **oblíquos** e **de tratamento**.

pronomes pessoais retos	
singular	1ª pessoa – a pessoa que fala: **eu** 2ª pessoa – a pessoa com quem se fala: **tu** 3ª pessoa – a pessoa de quem se fala: **ele**, **ela**
plural	1ª pessoa – as pessoas que falam: **nós** 2ª pessoa – as pessoas com quem se fala: **vós** 3ª pessoa – as pessoas de quem se fala: **eles**, **elas**

pronomes pessoais oblíquos	
singular	1ª pessoa – **me, mim, comigo** 2ª pessoa – **te, ti, contigo** 3ª pessoa – **se, si, consigo, o, a, lhe**
plural	1ª pessoa – **nos, conosco** 2ª pessoa – **vos, convosco** 3ª pessoa – **se, si, consigo, os, as, lhes**

Quando os pronomes **o**, **a**, **os**, **as** se juntam aos verbos terminados em **-r**, transformam-se em **-lo**, **-la**, **-los**, **-las**. Exemplo:

> Para cuidar bem do seu animalzinho é preciso vaciná-**lo**.

De acordo com a pessoa com quem conversamos, empregamos pronomes especiais, chamados **pronomes de tratamento**.

pronomes pessoais de tratamento		
Senhor, Senhora, Senhorita	Sr., Sr.ª, Sr.ta	tratamento respeitoso
você	v.	familiares, amigos e colegas
Vossa Excelência	V. Ex.ª	altas autoridades
Vossa Reverendíssima	V. Rev.ma	sacerdotes
Vossa Majestade	V. M.	reis, rainhas, imperadores
Vossa Senhoria	V. S.ª	cartas comerciais, pessoas de cerimônia
Vossa Alteza	V. A.	príncipes e duques
Vossa Santidade	V. S.	papa
Vossa Eminência	V. Em.ª	cardeais

ATIVIDADES

1 Leia as capas destes livros.

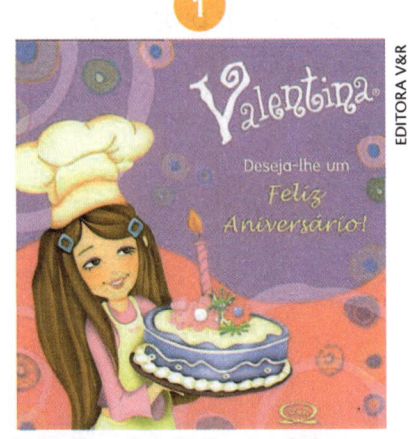

1 **Valentina deseja-lhe um feliz aniversário!**, de Vicky Mendez. VR Editora, 2007.

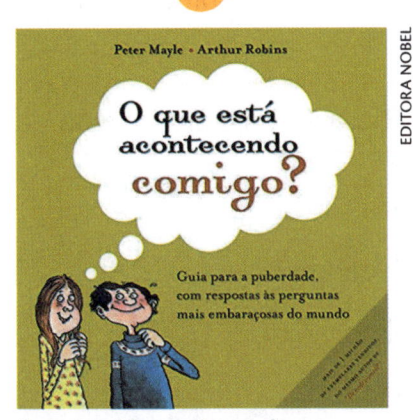

2 **O que está acontecendo comigo?**, de Peter Mayle e Arthur Robins. Editora Zastras, 2010.

3 **Isso pra mim é grego!**, de Jon Scieszka. Companhia das Letras, 2008.

157

a) Reescreva duas vezes o título da capa **1**:

- primeiro troque o **lhe** por **a ele** ou **a ela**;

  _____

- na segunda vez, troque o **lhe** por **a você**.

  _____

b) Quando lemos uma frase com o pronome **lhe**, como podemos saber se ele quer dizer **a ele**, **a ela** ou **a você**?

_____

c) No título da capa **2**, que palavra indica com quem algo está acontecendo?

_____

d) Se a jovem pensasse "O que está lhe acontecendo?", a quem ela estaria se referindo?

_____

e) O que quer dizer a expressão **isso pra mim é grego**?

_____

2 Complete as frases com pronomes pessoais do caso reto.

a) _____ fugimos depressa.

b) _____ deram risada.

c) _____ fui ao mercado.

d) _____ gostas de cinema?

3 Escreva as frases novamente, substituindo os nomes destacados por pronomes adequados. Veja o exemplo.

> **Eu e Ricardo** viajaremos. **Nós** viajaremos.

a) **Roberta** faltou à aula. _____

b) **Fernando e Caio** jogaram bola. _____

c) **Eliane e Rosilda** almoçaram. _____

d) **O cachorro** correu. _____

e) **Eu e Paula** vamos ao cinema. _____

4 Sublinhe os pronomes pessoais oblíquos.

a) A professora sentiu-se comovida com o discurso.

b) Nós nos levantamos sempre cedo.

c) Meus pais se entendem muito bem.

d) Por que te preocupas tanto? Não ligue!

e) Não me esqueço dos conselhos de mamãe.

f) "[...] me achava muito calmo e isto iria fazer-lhe bem."

5 Copie as frases substituindo os nomes destacados por pronomes pessoais oblíquos.

a) Comprei **as fichas** no jornaleiro.

_____

b) Levei **o carro** ao mecânico.

_____

c) Pedi **a vocês** que comprassem o livro.

_____

d) Entreguei **a Solange** a encomenda.

_____

e) Emprestei **a Mauro** os livros.

_____

f) Expliquei **a ela** para que servia o saquinho.

_____

6 Complete as frases com o pronome oblíquo correspondente ao pronome entre parênteses.

a) A diretoria deu-_____ uma pasta. (a ela)

b) Flávia estudou _____. (eu)

c) Paula chegou _____. (nós)

d) O gatinho olhou para _____. (eu)

e) João abraçou-_____. (ela)

f) Ela deu-_____ um abraço bem apertado. (a mim)

7 Classifique os pronomes de acordo com o exemplo.

> **tu** – pronome pessoal reto, 2ª pessoa do singular

eu
_____

nós
_____

o
_____

eles
_____

lhe
_____

Colocação pronominal

Como você pôde observar no estudo sobre os pronomes oblíquos, alguns deles se colocam ao lado de um verbo em condições especiais, podendo exigir hífen quando posicionados depois do verbo. São eles: **o, a, os, as, lhe, lhes, me, te, se, nos** e **vos**.

Quando a situação exige linguagem formal, culta, falada ou escrita, devemos seguir certas regras para a colocação desses pronomes.

Por exemplo, determinadas palavras atraem os pronomes para antes do verbo. Veja os exemplos:

- Palavras de sentido negativo.

> Meu pai **nem se** manifestou a respeito do meu namoro.

- Advérbios.

> **Aqui se** pode respirar ar puro.

- Pronomes indefinidos.

> **Alguém me** telefonou?

- Pronomes interrogativos.

> **O que lhe** acontecerá se ele não puder participar da reunião?

Já outras situações exigem a colocação do pronome depois do verbo. Veja os exemplos.

- Quando o verbo estiver no imperativo afirmativo, isto é, em situação de ordem ou solicitação.

> Quando o diretor entrar na sala, **levantem-se**.

- Quando o verbo iniciar a oração.

> **Conte-nos** como foi o casamento.

- Quando houver pausa antes do verbo.

> Quando soube que ela estava hospitalizada, **mandei-lhe** flores.

ATIVIDADES

1 Leia o início de uma canção.

> Me dá um olá
> Me manda um oi
> Onde 'cê está?
> Onde é que foi?
> [...]
>
> Roger. *Me dá um olá*.
> Disponível em: https://www.letras.mus.br/ultraje-a-rigor/67494/. Acesso em: 15 jul. 2022.

a) Os dois primeiros versos começam com **me**. De acordo com a forma padrão da língua, como eles deveriam ser reescritos?

_____

_____

b) Como você diria esta frase, em uma conversa com seus amigos?

☐ Me dá um olá.

☐ Dá-me um olá.

c) O **me** no começo dos versos os deixa mais parecidos com uma conversa. Que palavra usada nessa canção também lembra o modo de falar?

_____

2 Leia estes provérbios.

I. Assa-se o pão enquanto o forno está quente.
II. Não se conhece o perfume pela beleza da flor.
III. Não amarra-se cachorro com linguiça.
IV. Conhece-se o marinheiro no meio da tempestade.

a) Você conhecia algum deles?

_____

_____

b) Escolha um dos provérbios e, usando suas palavras, explique seu sentido.

_____

_____

_____

c) Em qual dos provérbios o pronome **se** não está colocado de acordo com as regras da linguagem formal?

_____

_____

d) Reescreva esse provérbio, colocando o **se** na posição recomendada pela forma padrão.

_____

_____

3 Faça a colocação dos pronomes de acordo com a forma padrão da língua.

a) Não entristeça.

   te _____

b) Espero que faça justiça.

   se _____

c) Meus amigos, apresentem em posição de sentido.

   se _____

d) Ninguém faça de rogado.

   se _____

4 Leia estas frases.
   I. Nunca soubemos quem nos roubava na loja.
   II. Se sabe pouco sobre esse tesouro.
   III. Me dá um presente?
   IV. Me diga a verdade sobre a bicicleta: quem comprou-a?

a) Em que frases o pronome pessoal oblíquo não está de acordo com a forma padrão da língua?

   _____

b) Reescreva as frases colocando o pronome na posição adequada de acordo com a linguagem formal.

   _____

   _____

   _____

Pronomes possessivos, demonstrativos e indefinidos

Leia estas frases, observando as palavras destacadas.

> Precisamos defender **nosso** país!
> Aves da **minha** terra.

As palavras **nosso** e **minha** são **pronomes possessivos**.

Pronomes possessivos são os que indicam posse.

Conheça os pronomes possessivos.

pessoa	singular		plural	
	masculino	feminino	masculino	feminino
1ª (eu)	meu	minha	meus	minhas
2ª (tu)	teu	tua	teus	tuas
3ª (ele, ela)	seu	sua	seus	suas
1ª (nós)	nosso	nossa	nossos	nossas
2ª (vós)	vosso	vossa	vossos	vossas
3ª (eles, elas)	seu	sua	seus	suas

Agora, observe.

> **Esse** lápis é seu.
> **Este** livro é meu.
> **Aquele** é meu amigo Eduardo.

As palavras **esse**, **este** e **aquele** são **pronomes demonstrativos**.

Pronomes demonstrativos são aqueles que indicam o lugar, a posição dos objetos, das pessoas etc. em relação à pessoa que fala.

Conheça os pronomes demonstrativos.

este, esta, isto, estes, estas: quando as pessoas ou os objetos estão perto de quem fala.
esse, essa, isso, esses, essas: quando as pessoas ou os objetos estão perto da pessoa com quem se fala.
aquele, aquela, aquilo, aqueles, aquelas: quando as pessoas ou os objetos estão longe da pessoa que fala e da pessoa com quem se fala.

Observe agora.

> **Poucas** pessoas conhecem esta história.

A palavra **poucas** é um **pronome indefinido**.

Pronomes indefinidos são aqueles que se referem ao substantivo, dando uma ideia vaga, imprecisa, indefinida.

Conheça os principais pronomes indefinidos.

algo, alguém, algum, alguma, alguns, algumas
nada, ninguém, nenhum, nenhuma, nenhuns, nenhumas
tudo, todo, toda, todos, todas
cada, qualquer, quaisquer, certo, certa, certos, certas
mais, menos, muito, muita, muitos, muitas
pouco, pouca, poucos, poucas, tanto, tanta, tantos, tantas
quanto, quanta, quantos, quantas
outrem, outra, outro, outras, outros
vários, várias
diversos, diversas

ATIVIDADES

1 Preencha os espaços com os pronomes possessivos do quadro.

| vosso | nossa | minha | suas | meus | sua | minhas |

a) A camisa do Luís é branca, mas a _____ é amarela.

b) _____ olhos são castanhos.

c) Esta casa nos pertence. Ela é _____.

d) Parabéns! _____ notas foram ótimas.

e) Aquilo com que vos presentearam é _____.

f) Recebi um presente das _____ funcionárias.

g) Minha avó é velhinha, e a _____ também.

h) Aqueles pacotes são _____.

2 Preencha os espaços com os pronomes demonstrativos do quadro.

| esta este esses esse isto aquele aquela aquilo |

a) _____ bolsa é minha e _____ ali é sua.

b) _____ brincos que você está usando lhe ficam muito bem.

c) _____ violão é maior do que _____.

d) Fabiano, de quem é _____ relógio que está no seu braço?

e) _____ vai dar certo; _____, não.

3 Sublinhe os pronomes demonstrativos.

a) Aquela rosa é a mais linda que já vi.

b) Isto é seu ou do seu primo?

c) Esta bola é minha.

d) Aqueles meninos são espertos.

e) Essa é a Ministra da Educação.

f) O que é aquilo?

4 Complete as frases com os pronomes indefinidos do quadro.

| vários diversas ninguém alguém tanto poucos menos diversos |

a) _____ bateu à porta.

b) Não deixe _____ sair.

c) _____ pessoas comeram o bolo.

d) Comprei _____ sapatos e não usei.

e) Puxa! Nunca pesquei _____ peixe assim.

f) Lúcia tem _____ amigos.

g) Ontem houve _____ trabalho.

h) Na mesa havia _____ livros.

5 Classifique os pronomes destacados em **possessivo**, **demonstrativo** ou **indefinido**.

a) **Isto** é caro. _____

b) **Minha** bolsa é bonita. _____

c) **Alguém** entrou na sala. _____

ORTOGRAFIA

Uso de a gente e agente

1 Leia este trecho de uma notícia veiculada pela Prefeitura de Patos de Minas.

Nos dias 30 de dezembro de 2020 e 4 de janeiro de 2021, a Secretaria de Saúde – por meio da Vigilância em Saúde, da Vigilância em Saúde Ambiental e do Centro Municipal de Controle de Zoonoses – realizou ação educativa nos bairros Quebec e Coração Eucarístico. O foco da iniciativa foi orientar os moradores sobre posse responsável e cuidados com os animais, importância do convívio harmônico entre animais e seres humanos e proteção e bem-estar animal.

Durante a atividade, **agentes** de endemias entregaram folhetos educativos sobre os temas e orientaram os munícipes. "Nesse material, os moradores têm acesso a importantes informações, como, por exemplo, responsabilidade da adoção, vacinação, vermifugação, abandono de animais domésticos e como o cidadão deve cuidar bem do seu animal", explicou a coordenadora da Vigilância em Saúde Ambiental, Geize Marques.

Disponível em: http://patosdeminas.mg.gov.br/home/posse-responsavel-de-animal-de-estimacao-e-tema-de-acao-educativa/08/01/2021/. Acesso em: 14 abr. 2022.

a) Qual foi o objetivo da ação educativa realizada pela Secretaria de Saúde?

_____

_____

b) Quem entregou folhetos educativos aos munícipes?

_____

> A gente é usado no lugar do pronome **nós**.
> Agente é aquele que faz, que age, o responsável por uma ação.

2 Complete corretamente as frases com **a gente** ou **agente**.

a) _____ vai viajar este fim de semana.

b) Gosto de ver filmes de _____ secreto.

c) Quando _____ gosta do que faz, faz com prazer.

d) Meu pai é _____ de viagens.

Palavras com -inho(a) e -zinho(a)

Leia.

> lápis + inho = lapisinho
> raiz + inha = raizinha
> rosa + inha = rosinha
> beleza + inha = belezinha

Escrevem-se com -inho(a) os diminutivos das palavras que terminam em **s** ou **z** ou por uma dessas consoantes seguida de vogal.

> papel + zinho = papelzinho   pai + zinho = paizinho

Escrevem-se com -zinho(a) os diminutivos das palavras que não terminam em **s** ou **z**.

O plural dos diminutivos terminados em **-zinho(a)** é formado desta maneira:

papelzinho	–	papéis + zinhos	–	papeizinhos
paizinho	–	pais + zinhos	–	paizinhos
botãozinho	–	botões + zinhos	–	botõezinhos
chapeuzinho	–	chapéus + zinhos	–	chapeuzinhos
mãozinha	–	mãos + zinhas	–	mãozinhas
florzinha	–	flores + zinhas	–	florezinhas

ATIVIDADES

1 Dê o plural dos diminutivos abaixo.

a) jornalzinho _____

b) limãozinho _____

c) animalzinho _____

d) funilzinho _____

e) anelzinho _____

f) parzinho _____

2 Selecione dez substantivos e escreva-os em um papel. Em seguida, dê o papel a um colega para que ele forme o diminutivo desses substantivos. Enquanto isso, forme o diminutivo das palavras que ele escreveu para você. Depois, confiram o que escreveram.

UM TEXTO PUXA OUTRO

Quando adquirimos um bichinho de estimação, é muito importante tomar conta dele, e isso não inclui apenas vaciná-lo. É preciso passear, cuidar da alimentação e tantas outras coisas. Leia este texto de divulgação científica publicado em uma coluna intitulada "Vida Animal".

Obesidade canina: como reconhecer e ajudar seu *pet*?

Boa parte dos tutores não identifica os sinais de que o animal está engordando mais que o desejável. Como ficar esperto e contornar isso?

Por Cleber Santos, especialista em comportamento animal* 9 mar 2022, 11h07

Trabalho com cães há 15 anos e percebo um aumento no número de animais acima do peso. A obesidade é mais comum do que muita gente imagina e passa despercebida pelos próprios tutores. Em um levantamento realizado pela Universidade de São Paulo (USP), 80% dos donos não foram capazes de identificar o sobrepeso ou a obesidade do seu cão.

Mas quando um *pet* passa a ser considerado obeso? A obesidade é definida pelo acúmulo de gordura corporal: o animal se enquadra nesse caso quando está com 15% a mais do peso que é considerado para sua raça.

[...]

A obesidade canina não deve ser encarada como "fofura", pois é prejudicial em diversos aspectos. O bicho fica mais sedentário e em maior risco de desenvolver doenças como diabetes. Outra consequência recorrente é a dificuldade para respirar. O sobrepeso ainda tem impactos comportamentais (em relação à alimentação) e aumenta a exposição a problemas cardíacos.

[...]

Dieta, exercício e tratamento

Ok, foi diagnosticada a obesidade animal. O que fazer? Provavelmente o profissional vai prescrever uma alimentação diferenciada, reduzindo o tamanho das porções e orientando a compra de rações menos calóricas. Para quem prefere seguir com a alimentação natural, é importante que um nutricionista animal ajude na elaboração do cardápio.

Cão obeso.

Nunca é demais lembrar: muitos tutores tendem a dar petiscos e guloseimas como forma de agrado. Isso inclui desde produtos para *pet* até a comida da família mesmo. Mas atenção com esse hábito: você pode estar sobrecarregando o corpo do animal.

Fora a dieta, é fundamental garantir que o cachorro seja mais ativo. A exemplo do que acontece com os humanos, é preciso se mexer para queimar a gordura corporal. Então precisamos incluir atividades como passeios na rotina e utilizar brinquedos para estimular a locomoção e a movimentação.

Lembre-se de que cuidar da boa forma do seu companheiro é também uma forma de cuidar da saúde dele.

Disponível em: https://saude.abril.com.br/coluna/com-a-palavra/obesidade-canina/. Acesso em: 15 abr. 2022.

1 Por que Cleber é considerado um especialista em comportamento animal?

_____

2 Por que o especialista Cleber escreveu esse texto?

_____

_____

3 Segundo o texto, quando um animal é considerado obeso?

_____

_____

4 Quais são as consequências da obesidade para o cão?

_____

_____

5 Quais são as dicas do especialista para quem tem um *pet* obeso? Assinale as alternativas presentes no texto:

☐ Procurar um profissional para prescrever uma alimentação balanceada.

☐ Levá-lo ao veterinário semanalmente.

☐ Realizar atividades físicas.

☐ Dar bastante petisco.

6 Que outras formas de cuidado, além da vacinação e das orientações que você leu no texto, podemos oferecer aos nossos animais de estimação?

_____

_____

_____

7 Releia esta frase:

> Lembre-se de que cuidar da boa **forma** do seu companheiro é também uma **forma** de cuidar da saúde dele.

As palavras destacadas significam, respectivamente:

☐ maneira e formato.

☐ lugar para colocar alimento para assar e maneira.

☐ forma física, corpo e maneira.

☐ forma física e lugar para colocar alimento para assar.

8 Você aprendeu que precisamos cuidar bem dos animais de estimação, mas você sabia que eles também nos ajudam? Leia este trecho de uma reportagem e responda às perguntas.

Relação entre animais de estimação e crianças traz série de benefícios

Psicóloga explica que convivência ajuda os pequenos a criarem responsabilidades e reduz chances de doenças.

Por G1 Rio Preto e Araçatuba

Ter um animal de estimação em casa, quando se tem filhos pequenos, parece ser tarefa difícil para muitos pais. O receio da relação entre as crianças e os *pets* – assim como o aumento de gastos e responsabilidades – podem significar uma barreira na decisão de ter gato, cachorro ou qualquer outro animal.

No entanto, especialistas afirmam que o relacionamento das crianças com os animais é benéfico e pode até ajudar no desenvolvimento social dos pequenos.

A psicóloga Mara Lúcia Madureira explica que as crianças que convivem com animais de estimação costumam expressar afetividade mais facilmente e aprendem mais sobre regras de convívio, respeito e sobre a importância de cuidar do outro.

[...]

Disponível em: https://g1.globo.com/sao-paulo/sorocaba-jundiai/mundo-pet/noticia/relacao-entre-animais-de-estimacao-e-criancas-traz-serie-de-beneficios.ghtml. Acesso em: 22 jun. 2022.

a) Que outra palavra é utilizada no texto para se referir aos animais de estimação?

_____

b) E para crianças?

_____

c) Por que os pais ficam receosos em adquirir um animal de estimação?

_____

_____

d) Qual é a resposta dos especialistas para esse receio?

_____

_____

_____

e) De que forma os animais de estimação ajudam no desenvolvimento social das crianças?

_____

_____

_____

EU GOSTO DE APRENDER MAIS

Esta propaganda faz parte de uma campanha da Unicef e SaferNet de combate ao *bullying*. Observe a imagem com atenção.

VOCÊ JÁ FEZ BULLYING COM ALGUÉM?

NÃO ME LEMBRO | SIM... QUE VERGONHA

ACABAR COM O BULLYING
#ÉDAMINHACONTA

REPRODUÇÃO META/CAMPANHA ACABAR COM O BULLYING É DA MINHA CONTA

Disponível em: https://bit.ly/3e2MISU. Acesso em: 17 ago. 2022.

Bullying são agressões verbais ou físicas (xingar, ofender, colocar apelidos, agredir, empurrar, chutar, machucar etc.) feitas repetidas vezes, de propósito, por um ou mais alunos contra um ou mais colegas. O material da campanha tem o objetivo de levar os alunos a agir contra esse problema, orientando-os a denunciar e a respeitar as diferenças, fazendo da escola um espaço melhor para todos.

1 Observe a imagem da propaganda e responda.

a) Em que espaço você acha que essa propaganda foi divulgada?

_____

b) Quais elementos da imagem auxiliaram sua resposta?

_____

2 A que público essa campanha está direcionada?

_____

3 Ao apresentar como título do cartaz uma pergunta, a campanha:

☐ apenas visa chamar a atenção do público para ler o cartaz.

☐ faz uma indagação relevante, mas sem objetivo algum.

☐ convida o interlocutor a refletir sobre suas ações.

4 Qual é o *slogan* dessa campanha?

_____

5 Observe este destaque da campanha:

REPRODUÇÃO META/ CAMPANHA ACABAR COM O BULLYING É DA MINHA CONTA

ACABAR COM O BULLYING
#ÉDAMINHACONTA

Detalhe da propaganda.

a) Você sabe para que servem as *hashtags*?

_____

_____

b) Por que o autor da campanha usou a *hashtag*?

_____

PRODUÇÃO DE TEXTO

Converse com os colegas e o professor sobre as questões a seguir.
- Você sabe o que é um debate?
- Você já assistiu a algum debate na televisão ou pela internet?
- Você já participou de algum debate?
- O que acontece em um debate?
- Você acha que qualquer assunto pode ser tema de um debate?

Você participará de um debate com os colegas e o professor sobre a seguinte questão: **O que fazer quando se identifica um caso de *bullying* na sala de aula ou na escola?**

Preparação

Antes do debate, você precisa conhecer bem o assunto para expor seu ponto de vista aos colegas com base em argumentos que reunir.

Para isso, forme um grupo com mais três ou quatro colegas. Pesquisem sobre *bullying* em livros paradidáticos e *sites*. Veja algumas sugestões na seção "Leia mais".

Depois de informar-se sobre o assunto, prepare-se com seu grupo para o debate, trocando ideias sobre o tema. O que vocês acham que deve ser feito nos casos de *bullying*?

Registre no caderno ou em folha avulsa as informações que ouvir dos demais grupos.

Definição de regras

Em um debate, os participantes se alternam nos papéis de falantes e ouvintes.

Para que todos se entendam, é preciso respeitar a vez de falar, escutar, perguntar, responder, defender uma ideia, fazer uma intervenção, ou seja, você e os colegas precisam definir regras para o debate.

Debate

No dia combinado, o professor vai organizar a ordem de fala dos grupos e marcar o tempo que terão disponível.

Vocês podem discordar das opiniões dos outros grupos ou concordar com elas. Para isso, terão a vez de fazer perguntas e dar respostas.

Conclusão

Depois do debate, escrevam no caderno as ideias que foram discutidas.

AMPLIANDO O VOCABULÁRIO

relevante

(re-le-**van**-te): de muita importância; importante. Exemplo: *A campanha faz uma pergunta relevante.*

submeter

(sub-me-**ter**): fazer pessoa ou animal ter de aguentar alguma coisa.
Exemplo: *É crime submeter animais ou pessoas a fazer o que não desejam.*

LEIA MAIS

Pedro e o menino valentão

Ruth Rocha. São Paulo: Melhoramentos, 2012.

De vez em quando, Pedro saía da padaria e um menino maior que ele levava o que ele havia comprado. Pedro entrou em um curso de judô. Será que o valentão vai enfrentá-lo?

Monstro Rosa

Olga de Dios. São Paulo: Boitatá, 2016.

O livro conta a história de um ser peludo, grande, desengonçado e colorido que parte em busca de um lugar onde ele seja aceito do jeito que é.

ORGANIZANDO CONHECIMENTOS

1 Encontre no diagrama as palavras que completam os enunciados.

```
Z L C A S A P E Q U E N A S R
L T J M C O R P A N Z I L S D
F É H T T N H P A N P I O P A
T D C V D R B S Z A T M M C M
O A N A I U E B V G E E F L I
P É - D E - M E I A E N G G G
H N U J M I J L O P R I N Q Ã
M G T I R T A S M G H N Q J O
A N Y T É F F D E I O O K U G
L V V X S D L S T B N C T A T
E J I B E I J A - F L O R L A
T U K B G T R C Y E H I N G V
A Z X C D R F V B G T Y H N C
J U C O M P U T A D O R S E E
```

a) Substantivo aumentativo de **corpo**, o mesmo que **corpo grande**: _____.

b) Substantivo masculino composto que indica dinheiro economizado e reservado para uma eventualidade futura: _____-_____-_____.

c) Substantivo diminutivo de **mala**, o mesmo que **mala pequena**: _____.

d) Substantivo feminino composto que corresponde a uma ave que retira o néctar das flores: _____-_____.

e) Substantivo simples que designa criança ou adolescente do sexo masculino, o mesmo que **garoto**, **guri**: _____.

f) O mesmo que **casinha** ou **casebre**, com duas palavras (substantivo + adjetivo): _____.

g) Substantivo simples que designa máquina destinada ao processamento de dados: _____.

h) Substantivo aumentativo de **amigo**: _____.

177

2 Divida as palavras do quadro abaixo em duas colunas: palavras primitivas ou palavras derivadas.

| limpinho | mão | chuveirada | corpo | folha |
| boca | cheiroso | banho | chuveiro | livraria |

Palavras primitivas	Palavras derivadas

3 Escreva frases para relatar algo que você:

a) faz todo dia, usando o verbo no tempo presente.

___
___
___
___

b) fez ontem, usando o verbo no pretérito (passado).

___
___
___

c) pretende fazer futuramente, usando o verbo no futuro.

___
___
___

4 Reescreva as frases substituindo os termos que se repetem por pronomes pessoais.

   a) Eu e Tomás gostamos muito de ler. Na hora do lanche, eu e Tomás combinamos de ir à biblioteca.

   _____

   _____

   b) Maria e Joana estudam na mesma escola. Maria e Joana são muito amigas.

   _____

   _____

5 Reescreva os trechos a seguir substituindo os nomes que se repetem por pronomes oblíquos.

   a) Peguei emprestado o livro *Contos populares da África* e vou **devolver o livro** na sexta-feira.

   _____

   _____

   b) Minha mãe disse: "Depois de ler o livro, **guarde o livro** no armário".

   _____

   _____

   c) João não gostava de ler, mas os colegas convenceram **João** a ler *Futebolíada*.

   _____

   _____

6 Que pronome de tratamento você usaria para se dirigir:

   a) ao diretor ou à diretora da escola?

   _____

   b) a um adulto desconhecido?

   _____

   c) ao Presidente da República?

   _____

7 Reescreva as frases, substituindo a expressão **a gente** pelo pronome **nós**.

a) A gente vai sair hoje à noite?

_____

b) A gente gosta de futebol.

_____

8 Complete os espaços em branco nos balões com os pronomes demonstrativos adequados a cada situação.

_____ é a minha bicicleta.

_____ é a minha bicicleta.

_____ é a minha bicicleta.

9 Justifique o emprego dos pronomes aquela, esta e essa nos balões da questão 8.

_____

_____

_____

10 Os pronomes **aquela**, **esta** e **essa** são variáveis ou invariáveis? Por quê?

_____

_____

11 Observe a placa a seguir.

MEIO AMBIENTE

**PRESERVE NOSSA FAUNA E FLORA.
QUEM GANHA É VOCÊ.**

a) A orientação da placa é para que as pessoas preservem o quê?

_____

b) Reescreva a frase "Preserve nossa **fauna** e **flora**", substituindo as palavras destacadas por outras que tenham o mesmo sentido. Faça as alterações necessárias.

_____

c) Quais pronomes você identifica nessa placa?

_____

12 Classifique os pronomes destacados.

a) **Meu** livro está na estante. _____

b) O que é **isso**? _____

c) **Ninguém** sabe onde ele está. _____

d) **Várias** pessoas foram à festa. _____

e) **Você** pegou sua chave? _____

LIÇÃO 9

FAUNA

VAMOS COMEÇAR!

Você acha que qualquer tema pode virar um poema de cordel?
Leia o título do poema. Do que ele vai tratar?
Leia em voz alta mais um poema de cordel.

Fauna

Vi os bichos lá da África
E quis logo comparar,
Quais aqueles mais famosos,
Quais os raros de encontrar?
Fácil é ver leão cansado,
Difícil é **calau** voar.

Conhecido é o gorila,
Búfalo é muito falado,
Avestruz é tão famoso,
Hipopótamo é amado,
Mas difícil é quem conheça
Oricteropo engraçado.

Fácil é ver rinoceronte
Que é alvo de caçadores,
Difícil é ver um **zorrilho**,
Mestre em exalar fedores,
Que nasce cego e careca
E mastiga roedores.

Fácil é ver um javali,
Ou gazela tão ativa,
Difícil é ver um **mabeco**
Que come sua presa viva
Depois que caçou em bando
Numa tática ofensiva.

Nas reservas da Tanzânia,
Zebra tem até de sobra,
Fácil é ver um leopardo
Inventando uma manobra,
Difícil é ver **suricato**
Dando beijo em uma cobra.

César Obeid. *CordelÁfrica*. São Paulo: Moderna, 2014. [Livro eletrônico].

ESTUDO DO TEXTO

1 Você sabe o que significa **fauna**? Por que o título desse poema de cordel é "Fauna"? Na região onde você mora, que local você poderia visitar para ver muitos animais?

_____

_____

_____

2 De onde são os animais citados no poema? Copie o verso que justifica sua resposta.

_____

3 Por que as palavras **fácil** e **difícil** aparecem com frequência nesse poema?

_____

_____

4 Complete de acordo com o poema, escrevendo o nome dos animais:

a) mais conhecidos – _____

_____

b) mais raros – _____

_____

5 Observe as estrofes do poema de cordel.
a) O número de versos se modifica de uma estrofe para a outra?

_____

b) Quais versos rimam em uma mesma estrofe?

_____

c) A posição das rimas muda de uma estrofe para a outra?

_____

6 Releia estes versos.

> Difícil é ver um zorrilho,
> Mestre em exalar fedores,

Consulte o dicionário para responder às questões a seguir.
a) Por que se diz que o zorrilho é **mestre**?

_____

b) Quais palavras apresentam o mesmo sentido de **exalar**?

_____

c) O que são **fedores**? Como essa palavra está escrita no dicionário?

_____

ESTUDO DA LÍNGUA

Advérbio

Releia estes versos do poema.

> Vi os bichos **lá** da África
> E quis **logo** comparar
> Quais aqueles **mais** famosos,
> Quais os raros de encontrar?

As palavras **lá**, **logo** e **mais** são **advérbios**.

> **Advérbio** é a palavra que modifica o sentido do verbo, do adjetivo ou de outro advérbio.

Conheça alguns advérbios.

de lugar	aqui, ali, lá, acolá, além, longe, perto, diante, atrás, dentro, fora, abaixo, acima etc.
de tempo	hoje, ontem, já, amanhã, cedo, tarde, nunca, agora, logo, breve, antes, depois, antigamente, diariamente etc.
de intensidade	muito, pouco, bastante, mais, menos, demais, tão, quanto etc.
de modo	bem, mal, assim, depressa, devagar, calmamente, atentamente e quase todos os terminados em -mente: delicadamente, alegremente etc.
de afirmação	sim, certamente, realmente etc.
de dúvida	talvez, provavelmente, acaso, porventura, caso etc.
de negação	não, tampouco (= também não)

ATIVIDADES

1 Classifique os advérbios destacados. Siga o exemplo.

> **Talvez** ela viaje – advérbio de dúvida

a) **Não** vou ao passeio. _____

b) Gosto de quem fala **bem**. _____

c) **Sim**, posso ir com você. _____

d) **Amanhã** levarei o livro. _____

e) Vi um ninho **lá** na árvore. _____

f) Chegamos **muito** tarde para a aula. _____

g) Ela **não** sabe como perdeu o livro. _____

h) Os filhos dele são **muito** bonitos. _____

i) **Perto** dele todos ficam em paz. _____

j) **Nunca** mais nos veremos. _____

k) Olhei **calmamente** a paisagem. _____

2 Complete as frases com um advérbio do tipo indicado entre parênteses.

a) As meninas cantaram _____. (advérbio de modo)

b) _____ lemos um trecho sobre o pantanal. (advérbio de tempo)

c) O menino _____ sabe como perdeu o dinheiro. (advérbio de negação)

d) Chegaram _____ tarde. (advérbio de intensidade)

3 Forme duas frases usando advérbios de intensidade.

_____
_____
_____

4 Leia a tirinha e responda às questões.

Disponível em: https://www.tamar.org.br/galera_da_praia.php.
Acesso em: 22 jun. 2022.

a) Com quem a personagem da tira está falando?

_____

b) Que mensagem ela transmite ao seu interlocutor?

_____

_____

_____

c) Qual advérbio indica como a tartaruga se sente em relação a isso?

_____

d) O advérbio que você indicou no item **c** indica:

☐ tempo.

☐ modo.

☐ intensidade.

e) A que frase comum no nosso dia a tartaruga se refere quando fala "um quadrinho de silêncio"? Converse com os colegas sobre os momentos em que essa frase é usada.

_____

_____

187

Graus do advérbio

> Os advérbios podem estar no grau **normal**, no grau **comparativo** ou no grau **superlativo**.

O grau **comparativo** do advérbio pode ser de **igualdade**, de **superioridade** ou de **inferioridade**.

- Comparativo de igualdade: Ela agiu **tão generosamente quanto** você.
- Comparativo de superioridade: Ela agiu **mais generosamente que** você.
- Comparativo de inferioridade: Ela agiu **menos generosamente que** você.

Quando o sentido do advérbio é ressaltado, enfatizado, dizemos que ele está no grau **superlativo**, que pode ser sintético ou analítico.

Para fazer o grau **superlativo sintético**, acrescentamos uma terminação ao advérbio. O superlativo sintético do advérbio **cedo**, por exemplo, pode ser **cedíssimo** ou **cedinho**. Veja:

> Cheguei ced**íssimo**.
> Cheguei ced**inho**.

Já para fazer **superlativo analítico**, acrescentamos outro advérbio, como **muito**, **tão** etc. Exemplos:

> Cheguei **muito cedo**.
> Cheguei **tão tarde**.

Observação: **melhor** e **pior** são formas irregulares do grau comparativo dos advérbios **bem** e **mal**. Exemplo: Ele agiu **pior** ontem do que na segunda-feira.

ATIVIDADES

1 Leia.

> Se esses três bichos apostassem uma corrida, a lesma certamente chegaria em último lugar. Segundo o biólogo americano Branley Allan Branson, da Academia de Ciências de Kentucky, a velocidade "recorde" já registrada em pesquisas por uma lesma é de 16,5 centímetros por minuto. Nessa disputa sugerida pelo leitor, o penúltimo colocado seria o caramujo. A mais veloz, claro, seria a tartaruga – ou melhor, o jabuti, já que as tartarugas vivem mais na água.
>
> Disponível em: https://super.abril.com.br/mundo-estranho/quem-e-mais-lento-a-tartaruga-a-lesma-ou-o-caramujo/. Acesso em: 15 abr. 2022.

a) O texto compara a velocidade de três animais. Que animais são esses?

_____

_____

b) Qual deles é o mais lento? Quem fornece essa informação?

_____

_____

c) Complete a frase usando advérbios:

A lesma anda _____ que o caramujo.

d) Qual grau você utilizou para completar a frase?

_____

e) Releia a frase e observe a palavra destacada.

> Se esses três bichos apostassem uma corrida, a lesma **certamente** chegaria em último lugar.

Se você precisasse reescrevê-la sem usar o advérbio **certamente**, mas mantendo o sentido da frase, qual destas opções escolheria?

☐ Se esses três bichos apostassem uma corrida, a lesma **na verdade** chegaria em último lugar.

☐ Se esses três bichos apostassem uma corrida, a lesma **com certeza** chegaria em último lugar.

☐ Se esses três bichos apostassem uma corrida, a lesma **finalmente** chegaria em último lugar.

2 Leia o seguinte trecho com informações sobre a girafa:

> A gestação da mamãe girafa é de 15 meses. No momento do nascimento, a girafa **não** deita no chão. O filhote cai de uma altura de 2 metros! Mas ele não se machuca, pois o capim da savana africana amortece a queda. O filhote também nasce com **bastante** cartilagem, que ajuda a proteger os ossos, evitando que se quebrem.
>
> Disponível em: https://www.guiadoscuriosos.com.br/animais/curiosidades-sobre-as-girafas/.
> Acesso em: 15 abr. 2022

a) O que o advérbio **bastante** indica?

☐ lugar ☐ modo ☐ intensidade ☐ companhia

b) Na frase em que esse advérbio aparece, o grau é:

☐ normal ☐ comparativo ☐ superlativo

c) O que o advérbio **não** indica?

_____

3 Escreva frases com os advérbios nos graus comparativo de igualdade, de superioridade e de inferioridade.

_____

_____

ORTOGRAFIA
Uso de **traz** e **atrás**

> **Traz** é uma forma do verbo **trazer** e se escreve com **z**.
> Usa-se **traz** no sentido de carregar, portar.
> **Atrás** é advérbio e se escreve com **s**. Indica lugar.

ATIVIDADES

1 Leia um trecho de uma reportagem.

> Como os mamíferos deixaram de botar ovos e se tornaram vivíparos? O que muitos estudos mostram é que, milhões de anos atrás, nossos ancestrais ovíparos foram infectados por um tipo de vírus do grupo dos retrovírus. O retrovírus "cola" seu material genético dentro das células do mamífero hospedeiro. Assim, toda vez que a célula se duplica, **traz** junto uma cópia do vírus. Em algum momento, um tipo de retrovírus invadiu o óvulo de uma fêmea, que depois foi fecundado por um espermatozoide de um macho, dando origem a um embrião que nasceu com cópias do vírus em todas as suas células! Os cientistas chamam isso de retrovírus endógeno (ERV).
>
> Disponível em: http://chc.org.br/artigo/o-virus-da-vida/. Acesso em: 15 abr. 2022.

a) Observe a palavra destacada no texto. Ela é uma forma conjugada de qual verbo?

_____

b) Qual destes verbos poderia ser usado no lugar de **traz**, no texto?

☐ proporciona   ☐ transporta   ☐ faz

c) Releia este trecho:

> O que muitos estudos mostram é que, milhões de anos atrás, nossos ancestrais ovíparos foram infectados por um tipo de vírus do grupo dos retrovírus.

A palavra **atrás** é um advérbio. Que circunstância ele indica: tempo, lugar ou modo?

_____

2 Circule em cada frase uma palavra da mesma família de **traz**.

a) Aquelas meninas sempre trazem lanche.

b) O carro foi trazido pelo guincho.

3 Agora, circule nas frases palavras da mesma família de **atrás**.

a) O jogo começou com 20 minutos de atraso.

b) A professora nunca estava atrasada.

4 Complete com **traz** ou **atrás**.

a) Papai _____ boas notícias para nós.

b) Ele trabalha _____ do balcão.

c) Ela foi embora _____ de mim.

d) Ele _____ sempre a carteira no bolso direito da calça.

5 Complete o texto corretamente com **traz** ou **atrás**.

Todo dia, ele _____ uma flor para a professora. Fica esperando-a _____ da árvore, perto da escola. Ela sempre _____ muitos livros e cadernos. Logo que ela passa, ele corre _____ para ajudá-la.

É um menino muito gentil, sempre pronto a ajudar os outros. Quando vê qualquer pessoa carregada, já corre _____ para dividir o peso. O garoto _____ dentro de si um grande coração.

191

Emprego de mal, mau, mais e mas

As palavras **mau** e **mal** têm o mesmo som, mas sentidos diferentes. Já as palavras **mas** e **mais** têm sons parecidos e sentidos diferentes.

Pela semelhança entre os sons, é comum termos dúvida quando vamos escrever essas palavras. Devo escrever **mau** ou **mal**? **Mas** ou **mais**?

- A palavra **mau**, com **u**, quer dizer o contrário de bom. Exemplos:

  > Que homem **mau**!
  > Quase todos estavam de **mau**-humor.

- A palavra **mal**, com **l**, quer dizer o contrário de bem. Exemplos:

  > Fui **mal** na prova.
  > Luís estava se sentindo muito **mal**.

- A palavra **mas** pode ser trocada por **porém**. Exemplos:

  > Quero um cachorro, **mas** não posso ter!
  > Os amigos foram ao parque, **mas** voltaram logo.

- A palavra **mais** significa o contrário de **menos**. Exemplos:

  > Coloque **mais** mel do que açúcar.
  > O filhote queria **mais** ração.

ATIVIDADES

1 Observe a capa deste livro e converse com os colegas.

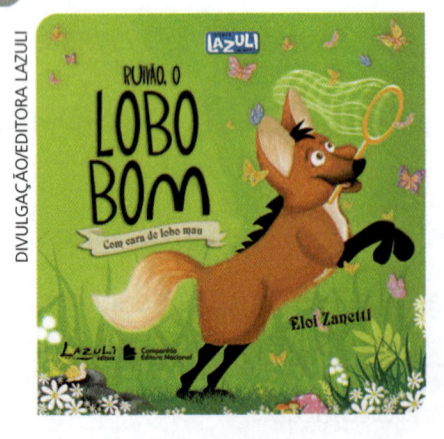

a) Antônimo é a palavra que tem sentido contrário ao de outra. Qual é o antônimo de **bom**?

b) Qual é o antônimo de **mau**?

c) Só por brincadeira, reescreva o título desse livro, trocando **bom** e **mau** por seus antônimos.

2 Complete as frases com **mau** ou **mal**.

a) Não faço _____ a ninguém.

b) Roberto se comportou _____.

c) Ele era um _____ aluno.

d) Disseram que Caloca passou _____ ontem.

e) Ele ficou de _____ humor após ter agido daquela forma.

f) O time se considera _____ preparado para tal jogo.

g) Antônio sofria de um _____ curável.

h) Ele não é um sujeito _____.

3 Complete as frases com **mais** ou **mas**.

a) Gosto muito de viajar, _____ não tenho dinheiro.

b) Tenho vontade de comer _____ quando faz frio.

c) Meu amigo me criticou, _____ ele gosta de mim.

d) O mundo precisa de _____ amor e compreensão.

e) A mãe e o filho discutiram, _____ não chegaram a um acordo.

f) Você quer _____ razões para acreditar em seu pai?

4 Escreva as frases substituindo **mais** por **menos** e **mas** por **porém**.

a) A artista recebeu **mais** aplausos que seu colega.

_____

_____

b) As árvores são necessárias, **mas** as pessoas não as respeitam.

_____

_____

c) Hoje há **mais** ararinhas-azuis, **mas** as pessoas não deixam de aprisioná-las.

_____

_____

UM TEXTO PUXA OUTRO

Você lerá um verbete que traz informações sobre o avestruz, uma ave bastante imponente sobre a qual muitos de vocês já devem ter ouvido falar. Leia silenciosamente o texto e, depois, siga as orientações do professor para a leitura em voz alta.

Avestruz

Disponível em: https://www.shutterstock.com/pt/image-photo/running-ostrich-serengeti-national-park-tanzania-731635099. Acesso em: 20 jun. 2022.

Nome científico: *Struthio camelus*

Classe: Aves

Ordem: *Struthioniformes*

Família: *Struthionidae*

Habitat: Áreas montanhosas, savanas e planícies arenosas desérticas.

Hábitos: diurnos

Distribuição geográfica: África

Nome comum: Avestruz

Características: A avestruz é considerada a maior das aves. Mede até 2,4 metros e pesa cerca de 150 kg. Seu corpo tem aspecto desengonçado, com pernas e pescoço longos e cabeça pequena, e ainda, dois grandes dedos em cada pata. A avestruz não possui a capacidade de voar, que é compensada pela sua habilidade de correr, que pode atingir uma velocidade de 45 km/h e passos com mais de 3,5 metros.

Alimentam-se de gramas, sementes, insetos e pequenos animais.

O início da vida reprodutiva ocorre entre 2 e 3 anos de vida. Cada fêmea põe de 20 a 60 ovos por ano, e o período de incubação é de 42 dias. As avestruzes vivem em média 50 anos, e podem atingir até 60 anos de idade.

Disponível em: http://www.fiocruz.br/biosseguranca/Bis/infantil/avestruz.htm. Acesso em: 15 abr. 2022.

1 O que esse animal tem em comum com aqueles que você conheceu no cordel dessa lição?

_____

_____

2 Qual é a característica mais impactante do avestruz?

_____

_____

3 O que diferencia o avestruz da maioria das aves? Por que você acha que isso acontece?

_____

_____

4 Que outra característica compensa a situação que você apontou na atividade 3?

_____

_____

5 O avestruz é considerado um animal de hábitos diurnos porque:

☐ dorme de dia.

☐ come e se movimenta bastante durante o dia.

6 O avestruz é um animal ovíparo. Retire do texto uma frase que confirme essa informação.

_____

_____

PRODUÇÃO DE TEXTO

Chegou a hora de participar de um recital, que será apresentado aos alunos do 1º e do 2º ano da escola onde você estuda.

Preparação

Com um colega, pesquisem um poema de cordel em livros da biblioteca ou do cantinho de leitura da sala de aula.

Na internet, também há *sites* que trazem poemas de cordel, como estes:

- Academia Brasileira de Literatura de Cordel:
  http://www.ablc.com.br/
- Recanto das Letras:
  https://www.recantodasletras.com.br/cordel/

Vocês podem, ainda, buscar na internet vídeos de artistas recitando poemas de cordel para inspirar a apresentação.

Seleção

Escolham o poema que vocês gostariam de recitar aos colegas.

Mostrem ao professor o texto que vocês escolheram, para que ele verifique se está adequado ao público que participará do recital.

Escrita e ensaio

- Copiem o poema no caderno.
- Leia o texto silenciosamente. Em seguida, leia-o para o colega.
- Verifiquem se vocês entenderam o texto e se reconhecem todas as palavras.
- Destaque, no seu texto, os versos que você vai ler.
- Ensaie várias vezes para memorizar a parte que você vai recitar.
- Antes do recital, o professor vai organizar um ensaio geral.

Apresentação

No dia do recital, o professor vai fazer a apresentação de cada dupla, dizendo o nome de vocês e o título do poema que vão recitar.

Recitem o poema aos convidados, lembrando de manter um tom de voz para que todos possam ouvi-los, clareza ao pronunciar as palavras e ritmo adequado.

AMPLIANDO O VOCABULÁRIO

amortecer

(a-mor-te-**cer**): 1. Diminuir a intensidade de alguma coisa: enfraquecer.
Exemplo: *Quando o bebê girafa nasce, o capim amortece a queda.*

2. Perder a intensidade ou a sensibilidade.
Exemplo: *Meu braço amorteceu.*

savana

(sa-**va**-na): Lugar plano das regiões tropicais de seca prolongada e vegetação característica.
Exemplo: *As girafas vivem nas savanas.*

LEIA MAIS

CordelÁfrica

César Obeid. São Paulo: Moderna, 2014.

Nesse livro, por meio de poemas de cordel, você poderá conhecer algumas influências da cultura africana em nosso dia a dia.

Heróis e heroínas do cordel

Organizado por Januária Cristina Alves. São Paulo: Companhia das Letras, 2021.

Nessa obra, que reúne cordéis de diferentes autores, você poderá acompanhar as aventuras e desafios de diferentes personagens.

LIÇÃO 10

O CENSO DA FLORESTA

VAMOS COMEÇAR!

Você sabe o que é censo? O que será um censo florestal?

Leia o título e a apresentação do artigo abaixo. Converse com os colegas e o professor sobre o que você pensou. Em seguida, leia o texto divulgado pela *Ciência Hoje das Crianças* e confira.

O censo da floresta

Cientistas calcularam o número total de árvores que existem no planeta: 3 trilhões!

Simone Evangelista, colaboradora da *CHC On-line*

Quantas árvores existem no mundo? Quantas estrelas fazem parte do universo? Quantos dinossauros habitaram a Terra? Os cientistas ainda estão longe de decifrar totalmente alguns dos enigmas que despertam a nossa curiosidade há tempos, mas ao menos um deles já tem uma resposta mais precisa. Segundo uma nova pesquisa — uma espécie de censo, como aquele que se realiza para analisar as populações humanas —, mais de 3 trilhões de árvores vivem no nosso planeta.

Existem aproximadamente 422 árvores na Terra para cada ser humano. No Brasil, esse número é ainda maior. Segundo o levantamento, nosso país tem 302 bilhões de árvores, o que equivale a 1 494 árvores por habitante.

Pode ser difícil imaginar um número tão grande e cheio de zeros (são 12 deles!), mas basta pensar que, de acordo com essa estimativa, existem aproximadamente 422 árvores na Terra para cada ser humano. Parece muito? Pois saiba que este número poderia ser bem maior: a mesma pesquisa revela que quase metade das árvores desapareceu do planeta depois do surgimento da nossa civilização. Isso provavelmente ocorreu por uma combinação de fatores, como o desmatamento e o uso dos solos de florestas para atividades humanas como agricultura e construção de moradias.

De acordo com o estudo, mais de 15 bilhões de árvores são cortadas no mundo a cada ano. "Estes números são assustadores e podem explicar parte dos grandes impactos causados pelos humanos no clima terrestre. A remoção de trilhões de árvores também está relacionada ao fim de milhares de espécies de plantas e animais que contavam com essas florestas para sobreviver", lamenta o ecólogo britânico Thomas Crowther, que liderou a pesquisa.

Além de alertar para os estragos que a humanidade vem fazendo na cobertura vegetal do planeta, saber a quantidade de árvores existentes no mundo é importante para fazer estimativas mais precisas sobre diversos processos relacionados aos ecossistemas. "Será possível fazer previsões melhores sobre o estoque de carbono nas florestas e alterações causadas por mudanças climáticas", explica o brasileiro Alexander Vibrans, que também participou do estudo.

Para fazer esse cálculo impressionante, foi preciso contar com a colaboração de mais de 50 cientistas no mundo todo. Os pesquisadores reuniram mais de 430 mil medições sobre a densidade das florestas, ou seja, a quantidade de árvores existentes em um hectare – quanto maior esse número, maior a densidade de uma floresta. Com esses dados, foi possível criar uma estimativa de quantas árvores existem em cada floresta dos 14 biomas terrestres, inclusive em locais isolados, onde os cientistas nunca puderam pisar.

Daqui em diante, sempre que alguém perguntar quantas árvores existem na Terra, você já tem a resposta na ponta da língua! E não esqueça de cuidar bem delas.

Ciência Hoje das Crianças. Disponível em: http://chc.org.br/o-censo-da-floresta/.
Acesso em: 6 ago. 2022.

ESTUDO DO TEXTO

1 Onde esse texto foi publicado?

_____

2 Em sua opinião, qual foi a intenção da autora ao publicar o texto?

_____

_____

_____

3 Assinale as alternativas que, segundo o texto, justificam a importância de saber a quantidade de árvores existentes no mundo.

☐ Alertar para os estragos que a humanidade vem fazendo na cobertura vegetal do planeta.

☐ Saber dar a resposta sobre essa quantidade, na ponta da língua, sempre que alguém perguntar.

☐ Fazer previsões melhores sobre o estoque de carbono nas florestas e alterações causadas por mudanças climáticas.

4 Quais motivos a autora aponta para o desaparecimento de quase metade das árvores de nosso planeta, depois do surgimento da nossa civilização?

_____

_____

5 Qual é a função dos travessões no trecho destacado abaixo?

> Segundo uma nova pesquisa – uma espécie de censo, como aquele que se realiza para analisar as populações humanas –, mais de 3 trilhões de árvores vivem no nosso planeta.

_____

_____

200

6 Leia a legenda da imagem.

> Existem aproximadamente 422 árvores na Terra para cada ser humano. No Brasil, esse número é ainda maior. Segundo o levantamento, nosso país tem 302 bilhões de árvores, o que equivale a 1 494 árvores por habitante.

💬 Em sua opinião, os habitantes do Brasil cuidam das árvores e das florestas como elas merecem? Converse sobre isso com os colegas.

7 Volte ao texto e localize palavras ou expressões que podem substituir as destacadas a seguir, sem alterar o sentido em que foram empregadas.

> Além de alertar para os estragos que a **humanidade** vem fazendo na cobertura vegetal do **planeta**, saber a quantidade de árvores existentes no mundo é importante para fazer estimativas mais precisas sobre diversos processos relacionados aos ecossistemas.

_____

_____

_____

> Nos **artigos de divulgação científica**, a linguagem empregada deve ser clara, exata e objetiva, mas deve também ser acessível ao público-alvo, que nem sempre é especialista na área. Além de passar as informações, o conteúdo do texto precisa prender a atenção do leitor.

8 A linguagem que a autora empregou para falar sobre o "censo das florestas" foi acessível para você? Explique.

_____

_____

_____

_____

ESTUDO DA LÍNGUA

Numeral

Leia.

> Mais de **três trilhões** de árvores vivem em nosso planeta.

As palavras **três** e **trilhões** são numerais.

> **Numeral** é a palavra que indica quantidade, ordem, multiplicação ou fração.

Os numerais podem ser:

- **Cardinais** – indicam quantidade.
  Exemplos: um, dois, cinco, dez etc.

- **Ordinais** – indicam ordem.
  Exemplos: primeiro, terceiro, oitavo etc.

- **Multiplicativos** – indicam multiplicação.
  Exemplos: dobro ou duplo (duas vezes), triplo etc.

- **Fracionários** – indicam partes, frações.
  Exemplos: meio, um terço, três quintos etc.

Conheça, a seguir, alguns numerais.

numerais			
cardinais	ordinais	fracionários	multiplicativos
um	primeiro	—	—
dois	segundo	meio, metade	duplo, dobro
três	terceiro	terço	triplo
quatro	quarto	quarto	quádruplo
cinco	quinto	quinto	quíntuplo
seis	sexto	sexto	sêxtuplo
sete	sétimo	sétimo	sétuplo

numerais			
cardinais	ordinais	fracionários	multiplicativos
oito	oitavo	oitavo	óctuplo
nove	nono	nono	nônuplo
dez	décimo	décimo	décuplo
onze	décimo primeiro	onze avos	—
doze	décimo segundo	doze avos	—
treze	décimo terceiro	treze avos	—
catorze	décimo quarto	catorze avos	—
quinze	décimo quinto	quinze avos	—
dezesseis	décimo sexto	dezesseis avos	—
dezessete	décimo sétimo	dezessete avos	—
dezoito	décimo oitavo	dezoito avos	—
dezenove	décimo nono	dezenove avos	—
vinte	vigésimo	vinte avos	—
trinta	trigésimo	trinta avos	—
quarenta	quadragésimo	quarenta avos	—
cinquenta	quinquagésimo	cinquenta avos	—
sessenta	sexagésimo	sessenta avos	—
setenta	septuagésimo	setenta avos	—
oitenta	octogésimo	oitenta avos	—
noventa	nonagésimo	noventa avos	—
cem	centésimo	centésimo	cêntuplo
cento e um	centésimo primeiro	cento e um avos	—
duzentos	ducentésimo	duzentos avos	—
trezentos	trecentésimo	trezentos avos	—
quatrocentos	quadringentésimo	quatrocentos avos	—
quinhentos	quingentésimo	quinhentos avos	—
seiscentos	sexcentésimo	seiscentos avos	—
setecentos	septingentésimo	setecentos avos	—
oitocentos	octingentésimo	oitocentos avos	—
novecentos	nongentésimo	novecentos avos	—
mil	milésimo	milésimo	—

ATIVIDADES

1 Classifique os numerais, seguindo o exemplo.

> trezentos — **cardinal**

doze avos _____   um quinto _____

triplo _____   oitocentos _____

trigésimo _____   milésimo _____

dezessete _____   quádruplo _____

décimo _____   quarenta _____

2 Escreva os numerais por extenso.

Cardinais

13 _____   17 _____

50 _____   70 _____

30 _____   600 _____

16 _____   15 _____

60 _____   200 _____

42 _____   1000 _____

27 _____   900 _____

Ordinais

10º _____   70º _____

20º _____   80º _____

30º _____   90º _____

40º _____   100º _____

50º _____   200º _____

60º _____   500º _____

3 Sublinhe os numerais.

a) Tia Áurea comprou quinze quilos de feijão.

b) Sentei na terceira fila da arquibancada do estádio.

c) Mamãe usou um terço dos tomates que comprou.

d) Preciso do triplo do dinheiro que tenho para comprar mais queijo.

4 Numere de acordo com a legenda.

1 cardinal **2** ordinal **3** fracionário **4** multiplicativo

☐ um quinto   ☐ três blusas

☐ dois livros   ☐ décima vez

☐ quinto lugar   ☐ dobro do resultado

5 Dê o numeral ordinal e o numeral multiplicativo correspondentes a estes cardinais.

dois _____   seis _____

_____   _____

três _____   sete _____

_____   _____

quatro _____   oito _____

_____   _____

cinco _____   nove _____

_____   _____

6 Procure, em jornais ou revistas, duas frases que contenham numerais e cole-as a seguir.

205

ORTOGRAFIA

Uso de meio ou meia

Quando a palavra **meio** for utilizada no sentido de **metade**, trata-se de um **número fracionário**. Ela deve variar de acordo com o termo ao qual se refere.
Exemplos:

> O almoço será servido **meio**-dia e **meia**.
> O atleta correu **meio** quilômetro e, depois, **meia** légua.

Quando a palavra **meio** for utilizada no sentido de **um pouco**, **mais ou menos**, trata-se de um **advérbio**, portanto, é invariável (nunca muda de forma).
Exemplos:

> João estava **meio** cansado do trabalho.
> A porta estava **meio** aberta.

ATIVIDADES

1. Complete as frases com **meio** ou **meia**.

a) Carolina tomou _____ copo de suco e _____ garrafa de água.

b) João comeu _____ manga e _____ kiwi.

c) Mamãe usou _____ metro de fita no vestido.

d) Os estudantes só pagam _____ entrada.

2. Agora é sua vez. Escreva frases empregando corretamente as palavras **meio** e **meia**. Depois, leia para os colegas as frases que você escreveu.

_____
_____
_____
_____

Palavras com s (inicial), ss (dígrafo), s (com som de z)

Leia estas palavras com atenção.

s (inicial)	ss (dígrafo)	s (som de z)
sabiá – saia	assunto – passeio	analisar – avisar
santo – sapato	discussão – fossa	paraíso – casulo
semana – sete	gesso – girassol	resolver – improvisar
sineta – suado	massa – passarinho	pesado – pesquisar
sublime – suor	progresso – regresso	pousada – repousar

ATIVIDADES

1 Distribua as palavras a seguir nas colunas adequadas.

asa   casamento   teimoso   compromisso
salvar   saudade   gesso   sumir
assoalho   sino   passagem   gasolina

s (inicial)	ss (dígrafo)	s (som de z)

- O que acontece com o **ss** ao separarmos em sílabas as palavras da segunda coluna?

2 Complete as palavras com ⓢ ou ⓢⓢ e copie-as:

ma___agista _____   bol___a _____

pa___porte _____   a___inar _____

se___enta _____   deze___ete _____

3 Agora, forme uma frase usando palavras da atividade anterior.

_____

_____

UM TEXTO PUXA OUTRO

Agora você vai analisar uma charge. Esse gênero costuma apresentar de forma bem-humorada uma crítica relacionada a algum acontecimento da atualidade.

> QUE CALOR... PRECISO DE UMA SOMBRA!

ARIONAURO

www.arionaurocartuns.com.br

Disponível em: https://bit.ly/3PVaVYR. Acesso em: 20 jun. 2022.

a) Quem é o personagem que aparece nessa charge? O que ele aparenta estar fazendo?

_____
_____

b) Do que o personagem precisa? Por que ele não consegue?

_____
_____

c) Agora, releia este trecho do texto "O censo da floresta".

> [...] existem aproximadamente 422 árvores na Terra para cada ser humano. Parece muito? Pois saiba que este número poderia ser bem maior: a mesma pesquisa revela que quase metade das árvores desapareceu do planeta depois do surgimento da nossa civilização. [...]

De que forma esse trecho se relaciona com a charge?

_____

d) Converse com os colegas e o professor sobre a seguinte questão:

"Além da falta de sombra, que outros efeitos o desmatamento gera no dia a dia?"

PRODUÇÃO DE TEXTO

Você vai formar um grupo com alguns colegas e escrever com eles um artigo de divulgação científica para ser lido por outros grupos e por seus familiares.

Preparação

Com a ajuda do professor, escolham o tema do artigo. A seguir, damos várias sugestões. Vocês podem escolher uma delas ou pensar em outro tema semelhante.

- Por que transpiramos
- Por que precisamos dormir
- Por que temos pelos
- A invenção do celular
- A invenção dos óculos
- A história do dinheiro
- Como surgiu a dança
- O que é o raio
- O que é o trovão
- Animais ferozes brasileiros
- Aves brasileiras

Pesquisem o tema escolhido. Consultem enciclopédias (impressas ou *on-line*), revistas de divulgação científica, seus livros escolares. Se for possível, conversem com um adulto que tenha bons conhecimentos sobre o assunto do artigo (por exemplo, um veterinário, um médico, um historiador, um professor).

Copiem, imprimam ou recortem todo o material pesquisado e tragam-no para a classe. Tragam também imagens.

Escrita

Leiam tudo o que pesquisaram e comecem a escrever o artigo. Como vão explicar a seus leitores algo que eles não conhecem, vocês precisam:

- dar exemplos;
- apresentar imagens;
- se necessário, escrever um vocabulário no final do artigo, com a explicação dos termos mais difíceis.

Se precisarem dar informações como peso, altura, distância, localização, horário, data, nomes etc., anotem esses dados com cuidado e exatidão.

Como os leitores serão os colegas e familiares, vocês podem usar uma linguagem mais descontraída em alguns trechos e expressões próprias da fala.

Organizem as imagens de modo que elas ajudem os leitores a entender as informações dadas no texto. Se houver fotos, criem legendas para elas.

Revisão e reescrita

Mostrem o artigo de vocês aos colegas de outro grupo. Eles vão verificar se:

- é possível entender as informações dadas no texto;
- é possível entender a linguagem;
- o artigo traz informações novas, que eles desconheciam;
- o artigo os ajudou a compreender melhor o tema tratado;
- as imagens contribuem para o leitor entender o texto.

Leiam as observações dos colegas e passem a limpo o artigo, fazendo as mudanças necessárias. Entreguem o texto ao professor.

Com a orientação do professor, os textos prontos poderão ser trocados entre os grupos, afixados em um mural na sala de aula ou no pátio. Compartilhe o texto com seus amigos e familiares.

AMPLIANDO O VOCABULÁRIO

estimativa

(es-ti-ma-**ti**-va): ato de fazer o cálculo de alguma coisa.
Exemplo: *Foi possível criar uma estimativa de quantas árvores existem.*

remoção

(re-mo-**ção**): ato de remover, levar para outro lugar.
Exemplo: *A remoção de trilhões de árvores afetou milhares de animais e plantas.*

Bioma Caatinga, na Paraíba.

bioma

(bi-**o**-ma): espaço geográfico em que existe um grande número de espécies de plantas e animais, e que apresenta as mesmas características, como unidade climática, solo, altitude, entre outros.

ecossistema

(e-cos-sis-**te**-ma): sistema que inclui os seres vivos e o ambiente: a fauna, a flora, os microrganismos com suas características e as inter-relações entre eles.

LEIA MAIS

Mais veja como se faz

Lauren Smith e outros. Rio de Janeiro: Sextante, 2014.

Cheia de instruções para o dia a dia, essa obra ensina como domar um touro mecânico, como produzir o próprio iogurte e muito mais!

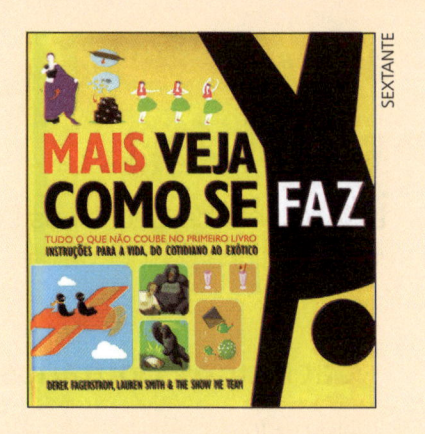

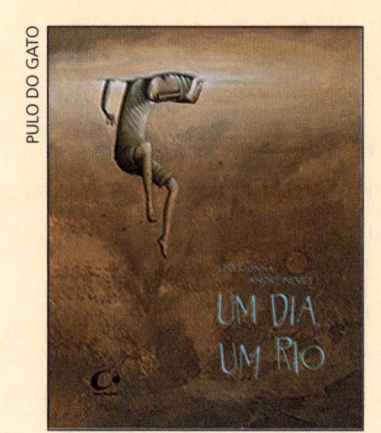

Um dia, um rio

Leo Cunha. São Paulo: Pulo do Gato, 2016.

O livro traz a fala de um rio que perdeu sua vocação. Então ele lamenta seu destino como se cantasse uma moda de viola, recordando o tempo em que alimentava de vida seu leito, suas margens e todos os lugares por onde passava. Um convite para se emocionar e refletir sobre nosso meio ambiente.

O quintal da minha casa

Fernando Nuno. São Paulo: Companhia das Letrinhas, 2021.

Esse quintal é repleto de natureza: plantas e bichos, céu estrelado, chuva e sol. Tem pessoas também, umas diferentes das outras, mas cheias de humanidade. Será? Andaram mexendo nesse quintal e precisamos salvá-lo. Como leitor, você vai poder refletir sobre nosso planeta. Seja mais um a querer salvar a Terra.

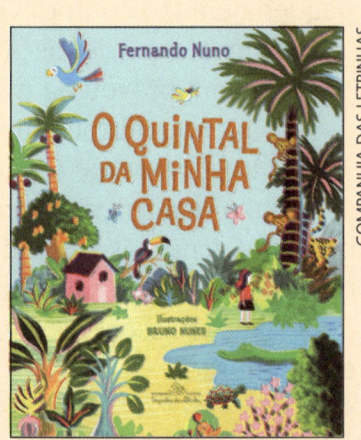

LIÇÃO 11 — NO MUNDO DOS CONTOS

VAMOS COMEÇAR!

Leia o conto da Cachinhos Dourados e dos três ursos, e acompanhe as aventuras de uma garotinha desobediente.

Cachinhos Dourados

No meio do bosque, vivia uma família de ursos: Papai Urso, Mamãe Ursa e o pequeno Ursinho. Um dia, Mamãe Urso preparou uma deliciosa sopa, mas, como estava muito quente, foram dar um passeio enquanto ela esfriava.

Como os ursos tinha saído, passou por ali uma menina de cabelo loiro e cacheado que todos chamavam de Cachinhos Dourados. Ela encontrou a porta aberta e entrou na casa.

Primeiro, a menina pegou uma colherada da sopa do prato grande do Papai Urso mas estava tão quente que o largou ali. Logo depois, experimentou a do prato médio da Mamãe Ursa, mas também estava quente. Por último, provou a sopa do prato do pequeno Ursinho. Estava tão boa que ela não deixou uma gota.

Depois de comer, sentou-se na cadeira grande do Papai Urso, mas era muito dura; passou para a cadeira média da Mamãe Ursa, mas também não gostou. Quando se sentou na pequena, adorou e começou a balançar com tanta força que a quebrou.

Então, ela foi até o quarto. Deitou-se na cama grande, mas era muito incômoda; deitou-se na cama média, mas também não era boa. Já a cama pequena era tão confortável que a menina acabou dormindo.

Algum tempo depois, os ursos voltaram.

— Quem provou da minha sopa? — gritaram, zangados.

— Quem quebrou a minha cadeira? — chorou o Ursinho.

Os três foram até o quarto e viram Cachinhos Dourados dormindo, mas ela era tão bonita que ficaram admirando-a, sem fazer nada, apesar da raiva. Contudo, quando Cachinhos Dourados acordou, ficou com tanto medo por estar cercada de ursos terríveis que saiu correndo, apavorada, e não parou até chegar a sua casa.

Crianças desobedientes, que pegam o que não lhes pertence podem se meter em confusão.

Maria Mañeru. *Contos da Carochinha:* um livro de histórias clássicas. Barueri, SP: Girassol, 2014. p. 48-49.

ESTUDO DO TEXTO

1 Quem são os personagens principais dessa história?

_____

_____

2 Releia este trecho:

> **Primeiro**, a menina pegou uma colherada da sopa do prato grande do Papai Urso mas estava tão quente que o largou ali. **Logo depois**, experimentou a do prato médio da Mamãe Ursa, mas também estava quente. **Por último**, provou a sopa do prato do pequeno Ursinho. Estava tão boa que ela não deixou uma gota.

O que as palavras destacadas indicam?

_____

3 Cachinhos Dourados entrou na casa dos três Ursos sem ser convidada.

a) Você acha correto mexer nas coisas dos outros sem permissão?

_____

_____

b) Já mexeram em seus pertences sem sua permissão? Você já mexeu em coisas que não lhe pertencem?

_____

_____

d) O que você imagina que os ursos teriam falado para a menina se ela não tivesse fugido tão rápido?

_____

Os contos tiveram origem na tradição oral e foram transmitidos de geração em geração. "Contos maravilhosos" e "Contos de fadas" guardam em si muitas semelhanças pelo encantamento que proporcionam a quem os ouve. A principal diferença é que no conto de fadas nem sempre há a presença de fadas, mas sempre há um elemento mágico. Por meio da leitura dessas histórias fictícias, é possível identificar semelhanças com ações da nossa própria vida e aprender muitas lições enquanto se diverte.

EU GOSTO DE APRENDER MAIS

Será que ler e ouvir histórias faz bem para a saúde? Ou pode alegrar a vida de alguém? Leia a reportagem abaixo e descubra o que revelou um estudo sobre o assunto.

Estudo mostra benefícios de contar histórias para crianças

Resultado foi publicado em periódico dos EUA

Publicado em 09/06/2021 – 17:35 Por Mariana Tokarnia – Repórter da Agência Brasil – Rio de Janeiro

Contar histórias para as crianças traz tanto benefícios fisiológicos quanto emocionais para elas. É o que provou um estudo inédito realizado com crianças de 2 a 7 anos, internadas em unidades de terapia intensiva (UTIs). Ao final de leituras de até 30 minutos, elas relataram sentir menos dor, passaram a encarar o tratamento de forma mais positiva e ficaram mais confiantes.

[...]

A pesquisa foi realizada com 81 crianças, de 2 a 7 anos, internadas na UTI no Hospital São Luiz Jabaquara, da Rede D´Or, em São Paulo. Todas apresentavam condições clínicas similares e problemas respiratórios como asma, bronquite e pneumonia.

Cerca da metade delas (41) participou de um grupo no qual contadores voluntários da Associação Viva e deixe Viver liam histórias infantis durante 25 a 30 minutos. O outro grupo, de 40 crianças, participou de jogos com perguntas de enigmas e adivinhações propostas pelos mesmos profissionais e durante o mesmo intervalo de tempo.

[...]

A análise dos dados mostrou que os dois grupos foram beneficiados. Os resultados do grupo que participou da contação de histórias, no entanto, foram duas vezes melhores do que o grupo das adivinhações.

"O que a gente acredita, pelo conjunto de evidências, é que esse elemento de conexão humana, de terem duas ou mais pessoas juntas conversando sobre a mesma história e compartilhando aquele momento, isso de fato tem se mostrado um elemento fundamental para ampliar esse poder da narrativa", diz Brockington.

Disponível em: https://agenciabrasil.ebc.com.br/saude/noticia/2021-06/estudo-mostra-beneficios-de-contar-historias-para-criancas. Acesso em: 21 abr. 2022.

1 Você sabe o que é um voluntário?

2 Você acha que os resultados dessa pesquisa podem influenciar as ações de outras pessoas? Converse com os colegas.

ESTUDO DA LÍNGUA

Preposição

Releia.

> Contudo, quando Cachinhos Dourados acordou, ficou **com** tanto medo **por** estar cercada **de** ursos terríveis que saiu correndo, apavorada, e não parou **até** chegar a sua casa.

As palavras destacadas não têm um significado próprio. Elas servem para fazer a ligação entre outras palavras e para mostrar a relação entre elas.

Palavras desse tipo são chamadas de **preposição**.

As preposições nunca mudam de forma. Por isso, são chamadas de **palavras invariáveis**.

> **Preposição** é a palavra invariável que liga duas outras palavras entre si.

Conheça as principais preposições.

preposições	exemplos de uso
a	Fui **a** Belém do Pará.
após	Vejam mais notícias **após** os comerciais.
até	Esta rua vai **até** o porto.
com	Luísa viajou **com** o cachorrinho.
contra	Somos **contra** a violência.
de	Ana viu um filme **de** aventura.
desde	Uso óculos **desde** o mês passado.
em	O filhote vai nascer **em** poucos dias.
entre	A casa está **entre** dois prédios.
para	Ela viajou **para** o exterior.
por	O trem passa **por** canaviais.
sem	Viajei **sem** malas.
sob	O animal se abrigou **sob** as árvores.
sobre	A jaguatirica deitou-se **sobre** a pedra.

Releia esta frase.

> Depois de comer, sentou-se **na** cadeira grande **do** Papai Urso, mas era muito dura [...]

Na palavra **na** houve a ligação da preposição **em** com o artigo **a**.
Na palavra **do** houve a ligação da preposição **de** com o artigo **o**.
Algumas preposições podem ligar-se a outras palavras. Veja:

de + a → da	de + isto → disto	em + isso → nisso
de + o → do	de + aquele → daquele	em + isto → nisto
de + ele → dele	de + aí → daí	em + aquilo → naquilo
de + ela → dela	de + ali → dali	em + aquele → naquele
de + esse → desse	de + onde → donde	em + ele → nele
de + essa → dessa	em + o → no	per + o → pelo
de + isso → disso	em + a → na	per + a → pela
de + este → deste	em + um → num	a + o → ao
de + esta → desta	em + esse → nesse	a + os → aos

ATIVIDADES

1 Escolha no quadro as preposições que melhor completam estas frases.

> de   a   com   sobre   para   deste

a) Sandra se fantasiou _____ baiana.

b) Valéria fez sua tarefa _____ capricho.

c) Meu quarto fica ao lado _____.

d) Papai viajou _____ Recife.

e) Geraldo foi _____ São Paulo.

f) Ela falou _____ você.

2 Complete a lacuna com uma preposição.

pão _____ manteiga   anel _____ ouro

máquina _____ costura   passeio _____ cavalo

carro _____ álcool   novelo _____ linha

3 Reescreva as frases substituindo o • por uma preposição adequada.

a) Não tive o prazer • abraçá-los.

_____

b) Coloquei a bolsa • a mesa.

_____

c) Reginaldo caminha • a escola.

_____

d) Sentei-me • Lúcia e Paulo.

_____

4 Leia a tirinha.

a) O que torna essa tirinha engraçada não é o fato de a Magali estar fugindo de casa, e sim a bagagem que ela leva. Explique por quê.

_____

_____

_____

b) Reescreva a fala do Cebolinha trocando o **de** por **para**. Que mudança de sentido aconteceu na frase?

_____

ORTOGRAFIA
Palavras terminadas com -ez e -eza

> Escrevemos com **-ez** ou **-eza** os substantivos que são derivados de adjetivos e nomeiam qualidades.

1 Leia este texto sobre um inseto brasileiro.

Mariposas tecelãs

São os bichos-da-seda brasileiros. Os fios que tecem para montar os casulos têm maciez e resistência suficientes para virar tecido. Isso só não aconteceu ainda porque os casulos são irregulares e ninguém descobriu um método para desenrolá-los. As tecelãs desmentem a falsa impressão de que as mariposas são sempre feias.

Revista *Superinteressante*, São Paulo, Abril, ed. 132, set. 1998.

Mariposas.

a) Podemos concluir que, no futuro, os fios tecidos pelas mariposas tecelãs talvez sejam usados para fazer tecido? Explique.

_____

_____

_____

b) A palavra **maciez** é um substantivo ou um adjetivo?

_____

c) Complete com um adjetivo:

Há maciez naquilo que é _____.

2 Observe o adjetivo destacado na manchete a seguir.

> Aprenda a preparar um bolo de caneca prático e **rápido**.
>
> Folha de S.Paulo.

a) Que substantivo nomeia a qualidade de quem é rápido?

___

b) Com que letras esse substantivo termina?

___

c) Escreva o substantivo derivado dos seguintes adjetivos.

altivo _____ mudo _____

pálido _____ lúcido _____

ávido _____ árido _____

viúvo _____ ríspido _____

3 Leia a tirinha.

VOCÊ TEM CERTEZA DE QUE NÃO ESTÁ NA HISTÓRIA ERRADA?

a) Observe os personagens e a situação mostrada na tira. Que história é essa?

___

___

___

b) A principal característica do Cascão é não gostar de tomar banho. Qual a relação entre essa mania dele e o fato de ter ido parar nessa história?

_____

_____

_____

c) A palavra **certeza** é um substantivo. De qual adjetivo ela deriva?

_____

4 Siga o modelo.

> belo – beleza

limpo _____   triste _____

claro _____   sutil _____

pobre _____   agudo _____

fraco _____   gentil _____

Sufixos -eza e -esa

Leia as frases e observe as palavras destacadas.

> A alimentação brasileira tem uma **riqueza** incrível.

> Com a colonização **portuguesa**, o pão, o queijo, o arroz, os doces e os vinhos foram incorporados à nossa alimentação.

O sufixo **-eza** é empregado para formar substantivos que derivam de adjetivos:

> rico – riqu**eza**   esperto – espert**eza**   gentil – gentil**eza**

O sufixo **-esa** é usado para formar o feminino de alguns substantivos:

> português – portugu**esa**   tigre – tigr**esa**   grão-duque – grão-duqu**esa**

As palavras terminadas em **-ês** que indicam nacionalidade são escritas com **s**. Ao passar essas palavras para o feminino, usamos a terminação **-esa**, que também se escreve com **s**:

francês – francesa

A terminação **-esa** também é usada para formar o feminino de palavras que indicam títulos:

duque – duquesa

ATIVIDADES

1 Faça como no exemplo:

pão da França: pão francês

a) marca da França _____

b) fábrica da China _____

c) língua de Portugal _____

d) bacalhau da Noruega _____

e) carro de Portugal _____

2 Dê o feminino destas palavras.

príncipe _____   barão _____

japonês _____   freguês _____

marquês _____   inglês _____

cônsul _____   polonês _____

senegalês _____   tailandês _____

3 Complete as palavras com **-eza** ou **-esa**.

holand____   fri____   clar____

campon____   firm____   burgu____

def____   surpr____   franqu____

montanh____   desp____   pobr____

UM TEXTO PUXA OUTRO

Analise com atenção esta capa de livro.

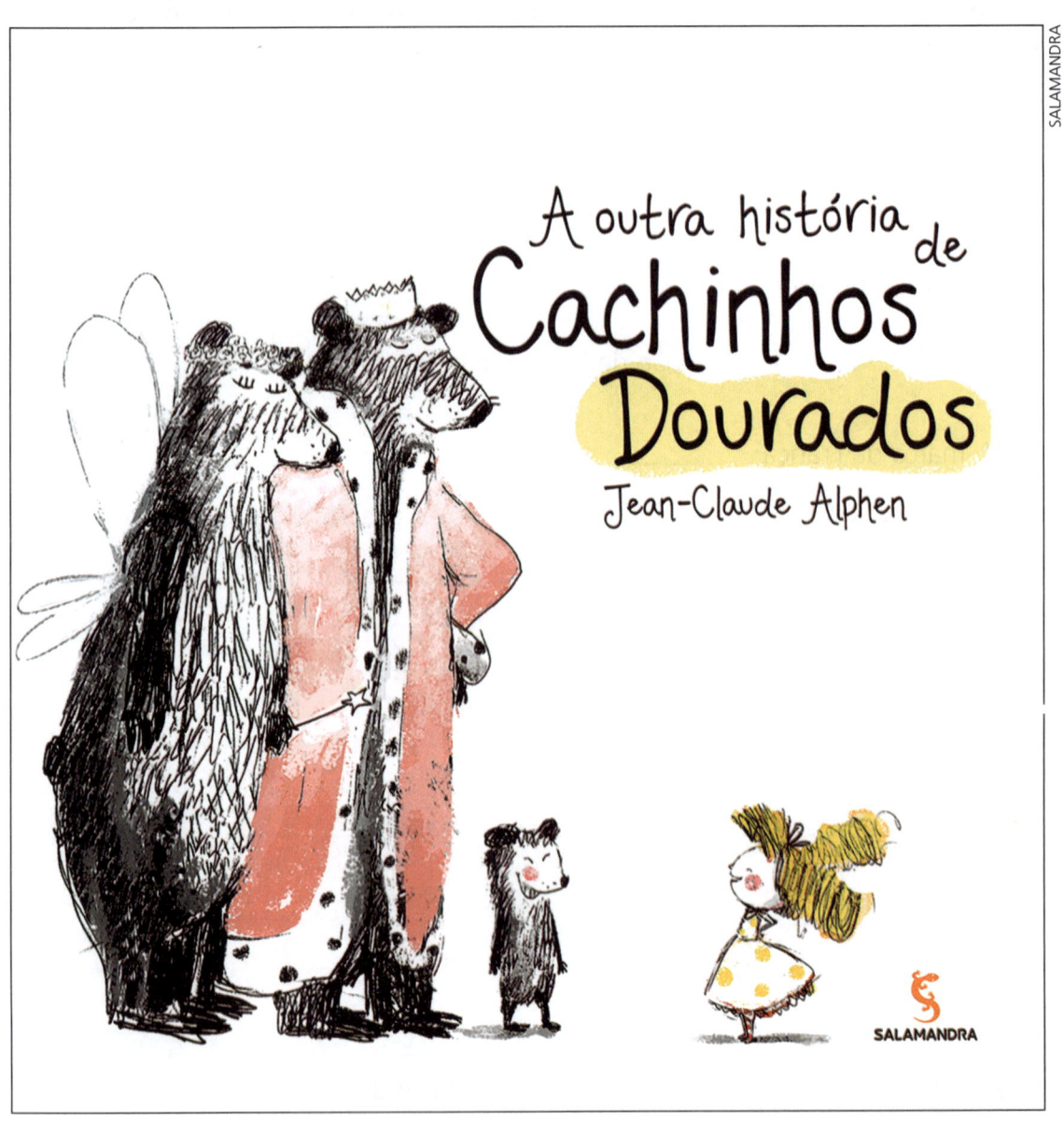

A outra história de **Cachinhos Dourados**
Jean-Claude Alphen

SALAMANDRA

Capa do livro "A outra história de Cachinhos Dourados".

1 No início da lição você leu um conto chamado "Cachinhos Dourados".

a) O que há de diferente no título dessa capa de livro?

_____

_____

b) Você acha que a mudança no título da obra vai alterar também a história? Como?

_____
_____
_____

2 A partir das ilustrações da capa, observe os personagens e suas expressões faciais.

a) Podemos dizer que a garotinha e os ursos estão se dando bem? Por quê?

_____
_____

b) Qual parece ser a função do Papai Urso nessa outra história?

_____
_____

c) Com quem a garotinha parece se identificar mais da família urso? Por quê?

_____
_____

PRODUÇÃO DE TEXTO

Reúna-se com um colega para recontarem, de um modo diferente, um conto de fadas conhecido!

Preparação

Com seu colega, escolham um conto de fadas conhecido.

Leiam o conto prestando atenção nos personagens principais e no desenvolvimento da história.

- Como ela acontece?
- Que conflito precisa ser resolvido?
- Por exemplo, na história da Chapeuzinho Vermelho ela deve levar a cesta para a avó, mas o lobo a engana. Na história que vocês escolheram, como o herói ou a heroína resolve a situação?

Agora pensem na versão que vocês farão.
- Os personagens serão os mesmos ou haverá personagens novos?
- Os acontecimentos da história serão os mesmos ou vão mudar?
- Quando a história acontece? No passado, como nos contos de fada tradicionais, ou hoje em dia? Como será o final dessa nova história?

Escrita

Pensem na sequência de acontecimentos da história que vão escrever e anotem essa ordem em uma folha de rascunho.

A partir da ordem anotada no rascunho, escrevam a história em que pensaram.

Revisão

- Confiram se a história que escreveram tem começo, meio e fim, e se está compreensível para o leitor.
- Confiram a ortografia e a acentuação das palavras. Se tiverem dúvidas na escrita de alguma palavra, consultem o dicionário ou peçam ajuda ao professor.
- Verifiquem se, ao ler o conto, é possível reconhecer que se trata de uma nova versão de história conhecida.
- Passem seu conto a limpo em uma folha de papel. Em outra folha, copiem o conto original. O professor vai promover uma roda de leitura, em que vocês mostrarão o conto original e a recriação que fizeram. Decidam, na dupla, quem vai ler cada um dos textos.

AMPLIANDO O VOCABULÁRIO

ávido

(**á**-vi-do): que deseja muito alguma coisa. Exemplo: *O jornalista vive ávido por notícias.*

periódico

(pe-ri-**ó**-di-co): 1. Que se repete a intervalos regulares. Exemplo: *A seca do nordeste é periódica.*

2. Publicação que aparece em datas certas. Exemplo: *O resultado foi publicado em periódico dos EUA.*

ríspido

(**rís**-pi-do): que trata os outros sem gentileza. Exemplo: *A vendedora foi ríspida com o cliente.*

LEIA MAIS

10 contos maravilhosos dos Irmãos Grimm

Tradução e adaptação de Monteiro Lobato. Rio de Janeiro: Nova Fronteira, 2020.

A obra traz histórias que vieram de longe e fizeram parte da vida de muitas crianças e adultos ao longo do tempo, transmitindo ensinamentos e divertindo.

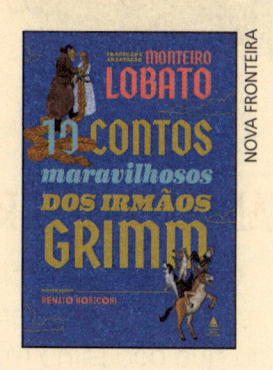

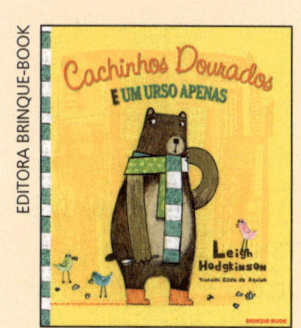

Cachinhos Dourados e um urso apenas

Leigh Hodgkinson. São Paulo: Brinque-Book, 2013.

Nessa história, o Ursinho sai da floresta e chega à cidade grande. Faminto e cansado, entra em um prédio e procura abrigo em um dos apartamentos. O que poderá acontecer quando chegarem os donos da casa?

Contos maravilhosos infantis e domésticos

Jacob e Wilheilm Grimm. São Paulo: Cosac & Naify, 2013.

Esse livro apresenta 156 histórias traduzidas diretamente do alemão e traz prefácio e notas escritas pelos próprios irmãos Grimm.

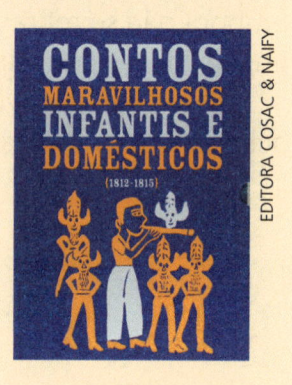

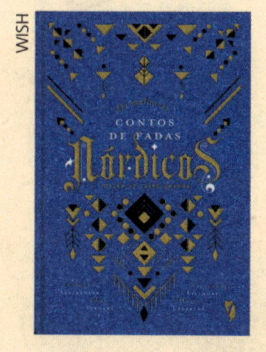

Os melhores contos de fadas nórdicos

Vários autores. São Paulo: Wish, 2019.

Cada cultura traz consigo seus contos de fada, marcando suas tradições, valores e costumes. Essa obra apresenta histórias que vêm diretamente dos países nórdicos com muitas criaturas mágicas e encantadas.

LIÇÃO 12
A CRIAÇÃO DO MUNDO

VAMOS COMEÇAR!

Os indígenas valorizam suas tradições, isto é, a cultura que herdaram de seus antepassados. Gostam de ouvir lendas que explicam a origem das coisas da natureza e do que ocorre no mundo.

Leia a lenda "A criação do mundo", dos tupinambás, um dos povos indígenas do Brasil.

A criação do mundo

Relato tupinambá

Assim contam os tupinambás sua crença sobre o que ocorreu na Terra, a respeito de uma personagem que chamam de Monã, a quem atribuem as mesmas perfeições que damos a Deus. Dizem que é sem fim e sem começo, existindo desde sempre, e criou o céu, a terra, os pássaros, os animais que povoam a Terra, embora não se refiram ao mar, criado por *Amaná Tupã*, que quer dizer na sua língua "nuvens de Tupã".

O mar surgiu devido a um fato ocorrido na Terra, que antigamente era única e achatada, sem montanha alguma, produzindo tudo para o sucesso dos homens.

Eis como surgiu o mar:

Como os homens viviam usufruindo a vida, beneficiando-se do que produzia a terra, fecundada pelo orvalho do céu, se esqueceram de suas tradições e passaram a viver desordenadamente. Entraram em tão grande desregramento que começaram a desobedecer a Monã, que naquela época vivia com eles em grande familiaridade.

Monã, vendo a grande ingratidão dos homens, sua maldade e o desprezo que lhe votaram, ao trair seus planos, afastou-se deles. Mandou então Tatá, o fogo do céu, que queimou e destruiu tudo o que estava sobre a Terra. Esse fogo consumiu as coisas de tal maneira que abaixou a Terra de um lado e a levantou de outro, deixando-a como hoje conhecemos, com seus vales, colinas e montanhas, além dos vastos e belos campos.

De todos os homens que então viviam, salvou-se apenas um, que se chamava Irin-Magé, que Monã levou para o céu, ou para outro lugar, a fim de colocá-lo a salvo desse fogo que consumia tudo. Irin-Magé, vendo tudo destruído, dirigiu-se a Monã, com suspiros e lágrimas e disse-lhe:

– Desejará também destruir o céu e o que ele contém? Onde será nossa morada? Que me adiantará viver, não havendo ninguém que se me assemelhe?

Monã, diante dessas palavras, foi tomado de compaixão, e para remediar o mal que fez à terra, devido à maldade dos homens, fez chover de tal maneira sobre a Terra que aquele incêndio se apagou.

Não podendo a água retornar às nuvens, ela foi represada, seguindo alguns caminhos que a levaram para regiões onde ficava presa de todos os lados. A essa grande quantidade de água represada foi dado o nome de Paranã, que significa amargura, e é o nome dado ao mar.

Dizem que o mar é assim amargo e salgado, como se apresenta hoje, porque a Terra, tendo sido transformada em cinza devido ao incêndio enviado por Monã, deu esse sabor ao grande Paranã, ao mar que envolve a Terra.

Monã, vendo que a Terra tinha voltado à sua primitiva beleza e o mar a havia engalanado, envolvendo-a por todos os lados, incomodando-se que esse belo cenário permanecesse sem ninguém o cultivar, chamou Irin-Magé e lhe deu uma esposa para que repovoassem o mundo de pessoas melhores do que os primeiros habitantes da Terra.

De Irin-Magé descendem todos os homens que viviam antes de haver o grande dilúvio que, segundo eles, veio mais tarde.

Emerson Guarani e Benedito Prezia (Org.). Relato do povo tupinambá do Rio de Janeiro, século XVI. *In*: A criação do mundo e outras belas histórias indígenas. São Paulo: Formato Editorial, 2011. p. 23-24.

ESTUDO DO TEXTO

1 Converse com os colegas.

a) A lenda se desenvolveu como você imaginou?

b) Você conhece alguma história que seja semelhante a essa?

2 De acordo com a lenda tupinambá:

a) quem criou o céu, a terra e os animais que povoam a Terra?

_____

b) quais são as características desse ser?

_____
_____
_____

c) quem criou o mar?

_____

Lendas são histórias antigas que explicam a origem de animais e plantas, de comportamentos, de fenômenos da natureza etc. Nelas, os personagens vivem situações mágicas, sofrem transformações, encontram seres fantásticos. Nas lendas, personagens com poderes sobrenaturais podem ser essenciais para o desenvolvimento da narrativa.

3 Releia este trecho do texto.

> O mar surgiu devido a um fato ocorrido na Terra, que antigamente era única e achatada, sem montanha alguma, produzindo tudo para o sucesso dos homens.

Com base no trecho, é possível saber em que época essa história aconteceu? Por quê?

_____

4 O que a lenda explica?

_____
_____

5 Por que Monã destruiu a Terra? Assinale.

☐ Porque queria fazer uma nova Terra.

☐ Porque os homens foram ingratos e desobedientes.

☐ Porque queria criar o mar.

6 Como a lenda explica o surgimento das montanhas?

_____
_____

7 Por que o mar é amargo e salgado, segundo a lenda?

_____
_____

8 Como Monã repovoou a Terra? Assinale a alternativa correta.

☐ Ele criou as montanhas e os animais.

☐ Ele criou homens melhores do que os anteriores.

☐ Ele salvou Irin-Magé, deu-lhe uma esposa e o devolveu à Terra para cultivá-la e repovoá-la.

> Nas lendas, o tempo é indeterminado e são explicados acontecimentos e fenômenos que têm causas desconhecidas.

9 Releia este trecho da lenda e observe a palavra destacada.

> De todos os homens que então viviam, salvou-se apenas um, que se chamava Irin-Magé, que Monã levou para o céu, ou para outro lugar, a fim de colocá-lo a salvo desse fogo que <u>consumia</u> tudo.

A palavra **consumia**, nesse contexto, pode ser substituída por:

☐ comia ☐ gastava

☐ queimava ☐ enfraquecia

10 Releia outro trecho e observe as palavras destacadas.

> Como os homens viviam usufruindo a vida, beneficiando-se do que produzia a terra, fecundada pelo orvalho do céu, se esqueceram de suas tradições e passaram a viver <u>desordenadamente</u>. Entraram em tão grande <u>desregramento</u> que começaram a <u>desobedecer</u> à Monã, que naquela época vivia com eles em grande familiaridade.

a) Qual é o significado das palavras sublinhadas? Se não souber, consulte um dicionário. Depois, assinale a alternativa correta.

☐ com ordem – com regra – com obediência.

☐ sem ordem – sem regra – não obedecer.

b) O que as palavras sublinhadas têm de parecido?

_____

_____

c) Complete.

Desordenadamente é o contrário de _____.

Desobedecer é o contrário de _____.

ESTUDO DA LÍNGUA

Pontuação

> **Pontuação** é o emprego de sinais gráficos que auxiliam a compreensão da leitura.

Vamos estudar os principais sinais de pontuação.

. **Ponto-final**: indica uma pausa prolongada e é usado no final de frases.
Exemplo: A lenda foi escrita pelo povo tupinambá**.**

, **Vírgula**: indica uma pequena pausa, separando palavras e frases.
Exemplo: Ele criou o céu**,** a terra**,** os pássaros**,** os animais que povoam a Terra.

; **Ponto e vírgula**: indica uma pausa menor que o ponto e maior que a vírgula.
Exemplo: Amaná Tupã, criador do mar**;** Tatá, o fogo do céu.

? **Ponto de interrogação**: é usado quando a frase indica uma pergunta.
Exemplo: Onde será nossa morada**?**

! **Ponto de exclamação**: é usado para indicar espanto, admiração, surpresa.
Exemplo: Daqui em diante, sempre que alguém perguntar quantas árvores existem na Terra, você já tem a resposta na ponta da língua**!**

: **Dois-pontos**: são usados para iniciar a fala das personagens nas histórias e para indicar uma citação ou uma enumeração. Exemplos:
Irin-Magé, vendo tudo destruído, dirigiu-se a Monã, com suspiros e lágrimas e disse-lhe**:**
– Eis como surgiu o mar**:**

— **Travessão**: é usado nos diálogos para indicar mudança de interlocutor, início da fala de uma personagem ou, ainda, para destacar partes de uma frase que se quer realçar. Exemplos:

— Desejará também destruir o céu e o que ele contém?

A maioria dos pequenos pacientes — e dos pais dos pequenos pacientes — não tinha contato com o livro até chegar lá.

" " **Aspas**: usadas para realçar um trecho de um texto, não importa se uma parte longa ou apenas uma palavra.

Casos de uso das aspas
- Na transcrição de textos ou expressões:
"Será possível fazer previsões melhores sobre o estoque de carbono nas florestas e alterações causadas por mudanças climáticas", explica o brasileiro Alexander Vibrans.

- Para destacar uma palavra ou expressão:
Amaná Tupã significa "nuvens de Tupã".

- Para destacar palavras pouco usadas, como no caso das palavras estrangeiras, palavras com sentido irônico, palavras com valor afetivo etc.:
Fiquei "maravilhado" com aquela atitude!
Fomos em um "show" e voltamos cansados de tanto dançar.

( ) Parênteses: intercalar no texto uma observação, um detalhe, uma indicação adicional. Exemplo: Pode ser difícil imaginar um número tão grande e cheio de zeros **(**são 12 deles!**)**.

... Reticências: indica hesitação ou suspensão do pensamento. Exemplo: Profundamente, completamente e rapidamente... com gosto e vontade! Sem demora! Com determinação!

ATIVIDADES

1 Coloque a pontuação necessária nas frases.
   a) Ana Bruno e Magali foram ao teatro
   b) Papai perguntou
      Você já almoçou
   c) Que história maravilhosa
   d) Que hora está marcada a visita ao médico
   e) Roberta comprou uma calça uma mochila e um par de tênis
   f) Luciana disse Você já fez o teste hoje

2 Escreva frases usando: ponto de exclamação, vírgula, dois-pontos, travessão, aspas e parênteses.

_____
_____
_____
_____

3 Copie o texto substituindo os símbolos pelos sinais de pontuação a seguir.

> ■ dois-pontos ● aspas ◆ travessão
> ▲ ponto de interrogação ✚ vírgula

Aninha era uma menina que gostava muito de brincar. Ela tinha muitos amiguinhos ■ Luís Henrique ✚ Carina ✚ Ana Carolina ✚ Fernando ✚ Julinho e Tatiana.

Eles faziam muita coisa juntos ■ estudavam as lições de casa... brincavam de tudo quanto era coisa ✚ passeavam de bicicleta... Um dia ✚ Aninha disse para a turma ■

◆ Vamos soltar balão ▲

E lá foram eles pegar uma caixa de fósforos bem de mansinho ✚ para ninguém perceber.

Encheram o balão de ar ✚ acenderam a tocha ✚ e ele foi subindo ✚ subindo... mas, vejam só o que aconteceu ■ o balão caiu num jardim perto de onde eles estavam e pegou fogo.

Eles correram e chegaram a tempo de apagar o fogo e evitar que outras crianças que brincavam no jardim se queimassem. Carina falou para Aninha ■

◆ Aninha ✚ nunca mais diga ● Vamos soltar balão ▲●. Você viu como é perigoso ▲ As crianças podiam ter se queimado.

E ✚ desse dia em diante ✚ a turma resolveu nunca mais soltar balão ou fazer qualquer outra coisa perigosa.

ORTOGRAFIA

Uso de onde e aonde

Leia este trecho da lenda do Lobisomem.

> Antes do Sol nascer, quando o galo canta, o Lobisomem volta ao mesmo lugar de onde partiu e se transforma outra vez em homem.
>
> Disponível em: https://www.sitededicas.com.br/folclore-o-mito-do-lobisomem.htm. Acesso em: 21 abr. 2022.

Quando o verbo que se relaciona com **onde** não exige a preposição **a**, o termo correto é **onde**.

Quando o verbo que se relaciona com **onde** exige a preposição **a**, o termo correto é **aonde**.

Observe os exemplos.

> Ele está **onde** deveria: na sala de leitura.
> Ele chegou **aonde** queria.

O verbo **estar** não exige a preposição **a**, mas o verbo **chegar** exige. Quem chega, chega **a** algum lugar. Por isso, a preposição se junta ao termo **onde**, formando **aonde**.

Aonde, portanto, é usado com verbos que indicam movimento.

ATIVIDADE

1 Complete corretamente as frases com **onde** ou **aonde**.

a) Não conheço o país _____ ela foi.

b) Ninguém sabe _____ Maria está.

c) Até _____ eles irão?

d) _____ você vai me esperar?

e) _____ lhe encontraram? Na rua?

f) Por _____ eles vieram?

g) De _____ saiu tanta gente?

h) _____ levaram vocês?

i) Vocês desceram _____?

Uso de sobre e sob

Leia estes trechos de lendas.

[...] O menino que tinha roubado o milho era o último da fila e foi, portanto, o último a chegar ao céu. Quando viu todas as mães agarradas à corda, cortou-a. As mulheres caíram umas **sobre** as outras e, ao atingirem a terra, transformaram-se em animais selvagens.

Theobaldo Miranda Santos. *Lendas e mitos do Brasil*. São Paulo: Ibep, 2013.

Dizem alguns habitantes de Jericoacoara que, **sob** o serrote do farol, jaz uma cidade encantada, onde habita uma linda princesa.

Luís da Câmara Cascudo. *Lendas brasileiras para jovens*. São Paulo: Global, 2010. p. 33.

Sobre significa em cima.
Sob significa embaixo.

ATIVIDADES

1 Leia.

Certa tarde, o caçador brincava com o cristal que ganhara da mulher. As nuvens começaram a sacudir **sob** seus pés, sinal de que lá embaixo estava chovendo. De repente, um raio de sol passou pelo cristal e se abriu num maravilhoso arco-íris que ligava o céu e a terra. Trocando o cristal de uma mão para outra, o rapaz viu que o arco-íris mudava de lugar.

Disponível em: https://novaescola.org.br/conteudo/3177/a-danca-do-arco-iris. Acesso em: 22 jun. 2022.

a) A expressão **sob** poderia ser substituída por qual destas palavras?

em cima   sobre   embaixo   dentro

b) Crie uma frase usando a palavra **sob**.

_____

_____

2 Leia estas informações sobre montanhas-russas.

As pistas das montanhas-russas de madeira são como estradas de ferro tradicionais. As rodas metálicas do trem rolam **sobre** um trilho de metal com largura entre 10 e 15 cm.

Disponível em: http://wisdomrides.blogspot.com/2007/06/.
Acesso em: 16 jul. 2022.

Firewhip (Chicote de Fogo) é a montanha-russa mais radical do Beto Carrero *World*

O brinquedo é o único invertido do país, com os trilhos **sobre** a cabeça dos passageiros.

Disponível em: https://www.betocarrero.com.br/atracoes/firewhip.
Acesso em: 15 jul. 2022.

a) Em uma montanha-russa tradicional, os trilhos ficam **sob** os passageiros ou **sobre** os passageiros?

_____

b) E na montanha-russa invertida?

_____

3 Complete as frases usando **sobre** ou **sob**, de acordo com a indicação dos parênteses.

a) Deixei a camisa _____ a cadeira. (em cima)

b) O gato está _____ a mesa. (embaixo)

c) Não quero nada _____ os móveis. (em cima)

d) Mamãe deixou seus óculos _____ o armário. (em cima)

e) Quando há tempestades, é perigoso ficar _____ árvores. (embaixo)

236

EU GOSTO DE APRENDER MAIS

Faça a leitura oral compartilhada deste texto, que explica como funcionam algumas brincadeiras indígenas do povo Kalapalo, que vive no sul do Parque Indígena do Xingu, no Mato Grosso.

Brincadeiras

Para jogar o Ta, em primeiro lugar, é preciso fazer o brinquedo. Trata-se de uma roda de palha recoberta com cortiça de embira (uma árvore típica da região do cerrado) ainda verde e que tem o mesmo nome do jogo: ta.

O objetivo do jogo é acertar o Ta usando um arco e flecha. Para isso se formam dois times, dispostos em fileiras bem distantes entre si. Um jogador assume a função de lançador e atira o brinquedo pelo ar na direção do time adversário.

À medida que o Ta, rodando, entra em contato com o chão e vai passando em grande velocidade pela frente dos jogadores do time adversário, eles tentam, um após outro, acertá-lo com suas flechas.

Se ninguém acertar, os times invertem suas funções. Quando alguém consegue acertar o alvo, seu time segue testando a pontaria. Já o time oponente perde o lançador, que sai temporariamente do jogo, sendo substituído por outro jogador.

Este jogo desenvolve a precisão, a pontaria e a concentração.

Heiné Kuputisü

Neste jogo de resistência e equilíbrio, o corredor deve correr num pé só, feito um saci, e não pode trocar de pé. Uma linha é traçada na terra para definir o local da largada e um outro, a uns 100 metros de distância, aponta a meta a ser atingida.

Se o jogador conseguir ultrapassar a meta é considerado um vencedor, mas se parar antes de chegar na linha final, é sinal de que ainda não tem a capacidade esperada e precisa treinar mais. Apesar de a velocidade não ser o mais importante, todos tentam fazer o caminho o mais rápido que podem, mas no fim, vence quem foi mais longe. O jogo, de que participam homens, adultos e crianças, acontece no centro da aldeia.

[...]

Disponível em: https://mirim.org/pt-br/como-vivem/brincadeiras.
Acesso em: 5 ago. 2022.

1 Converse com os colegas.

a) Você conheceu algumas brincadeiras do povo Kalapalo. Você acha que essas brincadeiras estão presentes em todas as aldeias indígenas? Justifique sua resposta.

b) Que funções você acha que as brincadeiras assumem dentro da cultura indígena?

c) Com qual dessas duas brincadeiras você gostaria de se divertir? Explique sua preferência para seus colegas e ouça a justificativa deles.

UM TEXTO PUXA OUTRO

Leia este trecho de um poema que foi escrito com base em uma lenda.

Mandioca e macaxeira

Mandioca é uma coisa preciosa
foi do corpo de Mani que gerou-se
e o povo tupi acostumou-se
a comer essa planta saborosa
a menina tão branca e tão formosa
transformou-se em raiz dentro do chão
seu avô descobriu a plantação
para o povo comer com alegria
essa planta que até hoje em dia
é um grande alimento pra nação.
[...]

Valdeck de Garanhuns. *Mitos e lendas brasileiros em prosa e verso.* São Paulo: Moderna, 2007. p. 67.

1 Responda.

a) Do que o poema trata?

___

b) Há rimas nesse poema? Justifique sua resposta.

___

c) A quem as palavras **preciosa**, **saborosa** e **formosa** se referem?

___

d) Existe semelhança entre o poema e a lenda dos tupinambás?

___

2 Pesquise a lenda da mandioca em livros da biblioteca ou na internet. Copie no caderno o trecho da lenda que explica como surgiu essa planta.

PRODUÇÃO DE TEXTO

Nossa proposta é que você pesquise uma lenda brasileira e conte-a oralmente aos colegas no dia combinado com o professor.

Nesta lição, você conheceu uma lenda indígena. Leia agora uma das versões de uma lenda brasileira, do norte do Brasil, principalmente do Pará e do Amazonas.

Cobra-Norato

Uma índia que vivia entre os rios Amazonas e Trombetas teve dois filhos gêmeos. Quando os viu, quase morreu de susto. Não tinham forma humana. Eram duas serpentes escuras. Assim mesmo, a índia batizou-as com os nomes de Honorato e Maria. E atirou-as no rio, porque elas não podiam viver na terra.

As duas serpentes criaram-se livremente nas águas dos rios e igarapés. O povo chamava-as de Cobra-Norato e Maria Caninana. Cobra-Norato era forte e bom. Nunca fazia mal a ninguém. Pelo contrário, não deixava que as pessoas morressem afogadas, salvava os barcos de naufrágios e matava os peixes grandes e ferozes.

De vez em quando, Cobra-Norato ia visitar sua mãe tapuia. Quando caía a noite e as estrelas brilhavam no céu, ele saía d'água arrastando seu corpo enorme. Deixava o couro da serpente à beira do rio e transformava-se num rapaz bonito e desempenado. Pela madrugada, ao cantar do galo, regressava ao rio, metia-se dentro da pele da serpente e voltava a ser Cobra-Norato.

Maria Caninana era geniosa e malvada. Atacava os pescadores, afundava os barcos, afogava as pessoas que caíam no rio. Nunca visitou sua velha mãe. Em Óbidos, no Pará, havia uma serpente encantada, dormindo, dentro da terra, debaixo da igreja. Maria Caninana mordeu a serpente. Ela não acordou, mas se mexeu, fazendo a terra rachar desde o mercado até a igreja.

Por causa dessas maldades, Cobra-Norato foi obrigado a matar Maria Caninana. E ficou sozinho, nadando nos rios e igarapés. Quando havia festa nos povoados ribeirinhos, Cobra-Norato deixava a pele de serpente e ia dançar com as moças e conversar com os rapazes. E todos ficavam contentes.

Cobra-Norato sempre pedia aos conhecidos que o desencantassem.

Bastava, para isso, bater com ferro virgem na cabeça da serpente e deitar três gotas de leite de mulher na sua boca. Muitos amigos de Cobra-Norato tentaram fazer isso. Mas, quando viam a serpente, escura e enorme, fugiam apavorados.

Um dia, Cobra-Norato fez amizade com um soldado de Cametá. Era um cabra rijo e destemido. Cobra-Norato pediu ao rapaz que o desencantasse. O soldado não teve medo. Arranjou um machado que não cortara pau e um vidrinho com leite de mulher. Quando encontrou a cobra dormindo, meteu o machado na cabeça da bicha e atirou três gotas de leite em seus dentes enormes e aguçados.

A serpente estremeceu e caiu morta. Dela saiu Cobra-Norato, desencantado para sempre.

Theobaldo Miranda Santos. *Lendas e Mitos do Brasil*. São Paulo: Ibep, 2013.

Pesquisa

Você pode pesquisar as lendas em livros e *sites*. Se preferir, pergunte a seus pais, avós ou outras pessoas mais velhas se conhecem alguma lenda e se podem contá-la a você.

Preparação

Para quem pesquisou em livros e *sites*:
- Leia a lenda algumas vezes, até entender bem a história e conhecer as características dos personagens.
- Escreva a lenda no caderno usando suas palavras. Releia seu texto e confronte-o com a lenda original, para ver se não se esqueceu de nenhum detalhe.
- Procure saber de que região é essa lenda.
- Anote os dados do livro ou *site*: nome do livro, nome do autor, nome da editora ou nome do *site* e nome do autor do texto.

Para quem pesquisou com pessoas mais velhas:
- Peça a quem for contar a lenda que fale devagar, para que você possa anotar a história.
- Peça também a essa pessoa que lhe explique todos os detalhes e o significado das palavras que você não conheça.
- Pergunte de que região é a lenda.

Quando você já souber bem todas as partes da lenda, treine para contá-la em voz alta. Seus colegas talvez não conheçam a história, então você precisará dar todas as informações para que eles a entendam.

Escrita

Anote no seu caderno ou em uma ficha os principais pontos da história e, durante a apresentação, consulte-os se necessário.

Fale em um tom de voz que todos possam ouvir. Procure expressar todas as emoções que o texto provoca, por meio da entonação e ritmo de sua fala. Lembre-se de que o corpo e a expressão facial também contam a história.

Avaliação

Depois de todas as apresentações, façam uma avaliação. Verifiquem se cada contador:

- usou um tom de voz adequado;
- conseguiu prender a atenção dos ouvintes usando uma linguagem adequada;
- contou os fatos com clareza, de modo que os ouvintes compreendessem o que se passava na história.

AMPLIANDO O VOCABULÁRIO

cabra

(**ca**-bra): 1. Fêmea do bode. Exemplo: *O leite de cabra é muito saudável.*

2. Pessoa contratada para defender outra: capanga. Exemplo: *Ele era um cabra forte e destemido.*

engalanado

(en-ga-la-**na**-do): enfeitado, ornado.

Igarapé na Amazônia.

igarapé

(i-ga-ra-**pé**): riacho que nasce na mata e deságua em rio.

Exemplo: *As serpentes criaram-se nos igarapés.*

usufruir

(u-su-fru-**ir**): aproveitar-se de alguma coisa: desfrutar.
Exemplo: *Os homens viviam usufruindo da vida.*

LEIA MAIS

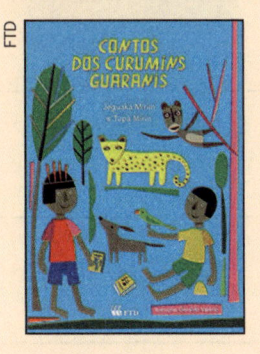

Contos dos curumins guaranis

Jeguaká Mirim e Tupã Mirin. São Paulo: FTD, 2021.

Nesse livro você poderá ler oito histórias que contam um pouco sobre o modo de vida dos guaranis.

Lendas e Mitos do Brasil

Theobaldo Miranda Santos. São Paulo: Companhia Editora Nacional, 2013.

Esse livro traz muitos personagens do nosso folclore e lendas de várias regiões do Brasil, repletas de encanto e fantasia. São histórias em que humanos vivem embaixo d'água ou se transformam em serpentes, pássaros e botos. Outras trazem um pouco da história dos escravos, dos reis e dos bandeirantes.

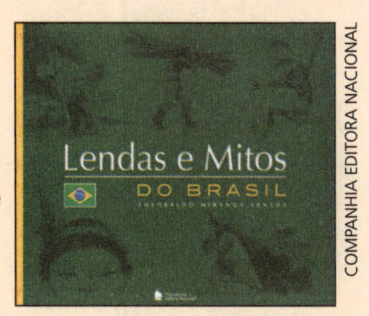

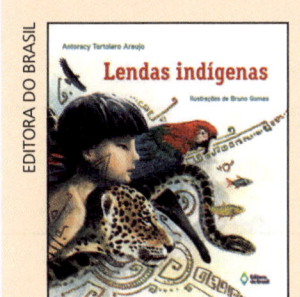

Lendas indígenas

Antoracy Tortolero Araujo. São Paulo: Editora do Brasil, 2014.

Descobrir sobre o surgimento de elementos da fauna e flora brasileira, bem como do fogo, da noite e de tantas outras coisas, é o que pode ser feito através da leitura dessa obra, que apresenta uma série de lendas.

Caçadores de aventuras

Daniel Munduruku. São Paulo: Saraiva, 2019.

Nessa aventura, os curumins se perdem dos pais e precisam passar a noite, sozinhos, na floresta. O que será que pode acontecer?

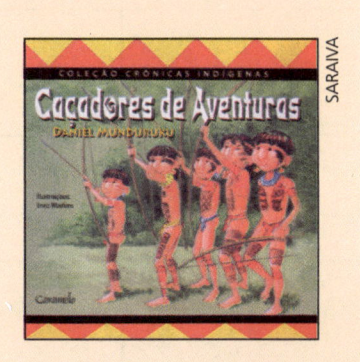

ORGANIZANDO CONHECIMENTOS

1 Escreva frases utilizando as palavras em destaque.

traz	
atrás	
mau	
mal	
mas	
mais	
meio	
meia	
onde	
aonde	
sobre	
sob	

2 Explique o que é:

a) advérbio:

___
___
___

b) numeral:

___
___
___

c) preposição:

___
___
___

3 Pontue o texto corretamente.

[...]

Uma noite Naiá chegou à beira de um lago Viu nele refletida a imagem da Lua Ficou radiante Pensou que era o guerreiro branco que amava E para não perdê-lo lançou-se nas águas profundas do lago Coitada Morreu afogada

Então a Lua que não quisera fazer de Naiá uma estrela do céu resolveu torná-la uma estrela das águas Transformou o corpo da índia numa flor imensa e bela Todas as noites essa flor abre suas pétalas enormes para que a Lua ilumine sua corola rosada

Sabem qual é essa flor É a vitória-régia

Theobaldo Miranda Santos. *Lendas e mitos do Brasil*.
São Paulo: Ibep, 2013. p. 11.

LIÇÃO 13

ENTREVISTA COM ANA PAULA CASTRO

VAMOS COMEÇAR!

Leia trechos de uma entrevista que a primeira astronauta brasileira, Ana Paula Castro, de 27 anos, concedeu ao jornal *Joca*, para a entrevistadora Helena Rinaldi. Ela fala sobre sua carreira, como chegou a ser escolhida para a missão e muito mais.

Conheça a jovem que pode ser a primeira astronauta brasileira

Ana Paula Castro, 27 anos, participa de uma missão da Agência Europeia Espacial

Helena Rinaldi

A Agência Espacial Europeia (ESA) selecionou uma jovem brasileira, Ana Paula Castro, de 27 anos, para fazer parte de uma missão espacial simulada que aconteceu em dezembro no Havaí. Esse tipo de missão é um treinamento que futuros astronautas fazem para entender como funcionam as missões espaciais reais. Para comemorar o Dia do Astronauta, o *Joca* entrevistou a Ana Paula para saber como funciona esse tipo de simulação e o que é preciso fazer para seguir essa profissão. Confira!

Você passou por um processo de seleção até ser escolhida para a missão. Como foi isso?

Para chegar até aqui, na simulação, foi um longo caminho. Primeiro, eu me formei em engenharia aeroespacial pela Universidade de Brasília (UnB), depois, fui para um mestrado [um tipo de curso que as pessoas podem fazer depois que terminam a universidade para se aprofundar na área que estudaram] na China, onde ainda estou estudando direito espacial [que estuda questões como preservação ambiental tanto da Terra como do espaço e resgate de astronautas]. Por causa do mestrado eu fiz um estágio no Escritório da Organização das Nações Unidas (ONU) Para Assuntos do Espaço Exterior.

Nesse estágio, eu descobri essa simulação. Quando soube que eles estavam precisando de engenheiros, eu mandei meu currículo com uma carta de motivação [um documento que explicava os motivos pelos quais ela queria participar da missão] e fui selecionada.

Como funciona a missão espacial de que você participou em dezembro?

Uma missão espacial simulada são testes feitos em um lugar parecido com os ambientes extremos – locais onde seria muito difícil sobreviver em razão das condições, como temperatura, acessibilidade a diferentes fontes de energia ou alta pressão – que a gente pode achar no espaço. Eles acontecem em lugares que não possuem muitos habitantes, justamente pelo fato de serem locais extremos, como a Antártida. Nessa missão, estamos na base de um vulcão, mas esses testes também podem ser feitos em oceanos e desertos. Eles são muito importantes porque são um treinamento para as missões espaciais de verdade. A gente se veste, age, come e faz tudo como astronautas. Infelizmente, como estamos na Terra, não temos como simular a gravidade. Mas aqui estamos simulando como se estivéssemos morando na Lua, então tem baixa gravidade, mas, ainda assim, tem gravidade.

Qual era o objetivo da missão?

Testar as tecnologias necessárias para morar na Lua e fazer experimentos, para ver como funcionaria alguns aspectos, como a comunicação. A gente também estuda os efeitos de ficar isolado no comportamento das pessoas. Por exemplo, estudamos como é ficar isolado com uma equipe que não é sua família e quais são os efeitos de ter uma alimentação muito repetitiva, porque nosso cardápio aqui não é muito variado. Nós temos uma pequena seleção de comidas disponíveis, então, precisamos ser bem criativos para não enjoar da comida.

Outra atividade importante desse tipo de missão é que, por estar em um vulcão, esse cenário parece muito com a Lua e com Marte há alguns anos. Os vulcões possuem "tubos de lavas", que são cavernas que foram formadas quando a lava foi se movimentando e, depois de muitos anos, ficam sólidas e se tornam ambientes muito seguros para a gente construir a habitação, porque eles nos protegeriam da radiação [tipo de energia que, quando em níveis muito altos, pode causar problemas para a saúde, como queimaduras] do espaço e poderiam nos proteger de meteoritos. Então, seria um local ideal para morar lá fora.

Essa experiência é mais um passo para você ir para o espaço no futuro?

Com certeza, porque ela vai me dar a experiência de viver em um ambiente extremo, com comunicação limitada e a experiência em si de ser astronauta.

Do que é preciso para ser astronauta?

É muito importante estudar bastante. Para ser astronauta, é necessário, no mínimo, ter terminado a universidade e adquirir experiência profissional. Pode ser em várias áreas, não só engenharia. Por exemplo, você pode estudar física, ciências da computação, matemática…

Outra coisa muito importante é cuidar do corpo. Astronautas precisam ser fortes, então é necessário praticar exercícios físicos. Quando a gente sai com a roupa de astronauta, é bem difícil, muita gente precisa parar para retomar o ar. Por isso, temos que nos exercitar todos os dias aqui na simulação por uma hora, além de comer bem. Também acho que também vale a pena investir no inglês, se for possível. É sempre bom aprender outras línguas, isso pode abrir muitas portas.

Como você se sente podendo ser a primeira astronauta brasileira?

Eu fico muito feliz e honrada em poder ser a primeira astronauta brasileira, mas ainda preciso de muita experiência na área para tentar entrar em um programa de treinamento de astronauta.

Eu fico muito grata em trazer essa representatividade para o Brasil, não só por ser brasileira, como também pela minha história. Estudei em um colégio público durante a minha vida inteira, me formei em uma universidade pública e tudo o que eu consegui foi com bolsas ou a ajuda de vaquinhas, tanto para ir para a China como para essa simulação, em que tive o apoio da Agência Espacial Brasileira.

Quero muito me tornar a primeira astronauta do Brasil para inspirar crianças e jovens e mostrar que, se você persistir, é possível conseguir qualquer coisa. É só investir muito esforço e dedicação, porque nós, brasileiros, temos muito potencial, só nos faltam oportunidades.

Que conselho você daria para crianças que querem ser astronautas?

Minha dica é: sejam curiosos e curiosas. O que move a ciência hoje é a curiosidade, então, tente entender como as coisas funcionam, o que são os elementos que vemos no céu, como funcionam os fenômenos naturais etc.

Disponível em: https://www.jornaljoca.com.br/conheca-a-jovem-que-pode-ser-a-primeira-astronauta-brasileira/.
Acesso em: 21 abr. 2022.

ESTUDO DO TEXTO

1 Qual é o tema central da entrevista?

_____

_____

2 Ao ser indagada sobre o que é preciso para ser astronauta, quais são os pontos que a entrevistada apresenta?

_____

_____

_____

3 Quais motivos fazem a entrevistada se sentir orgulhosa por ter se tornado a primeira astronauta brasileira?

_____

_____

4 O que a entrevistada espera da sua experiência?

_____

_____

_____

5 A intenção principal do jornal *Joca* ao entrevistar a astronauta Ana Paula Castro foi:

☐ falar sobre astronomia e a descoberta de novas formas de se viver na Lua.

☐ mostrar o que deve ser feito para se tornar astronauta e a importância dessa profissão.

☐ aconselhar estudantes universitários sobre como se tornar astronauta.

6 Releia o seguinte trecho:

> **Que conselho você daria para crianças que querem ser astronautas?**
> Minha dica é: sejam curiosos e curiosas. O que move a ciência hoje é a curiosidade, então, tente entender como as coisas funcionam, o que são os elementos que vemos no céu, como funcionam os fenômenos naturais etc.

a) Ao responder à pergunta feita por Helena Rinaldi, a astronauta passa uma mensagem de motivação ou de desestímulo àqueles que querem se tornar astronautas? Explique.

_____

_____

_____

_____

7 Releia o seguinte trecho:

> Nessa missão, estamos na base de um vulcão, **mas** esses testes também podem ser feitos em oceanos e desertos.

a) Onde foi realizada a missão?

_____

b) Que tipo de relação a informação iniciada pela expressão **mas**, também destacada no trecho, estabelece com a afirmação anterior a ela? Assinale a resposta correta.

☐ tempo

☐ causa

☐ oposição

c) Por qual das palavras abaixo o termo **mas** poderia ser substituído no trecho transcrito, sem perder o sentido original?

☐ porque

☐ enquanto

☐ no entanto

7 Releia o seguinte trecho:

> Essa experiência é mais um passo para você ir para o espaço no futuro?
>
> Com certeza, porque ela vai me dar a experiência de viver em um ambiente extremo, com comunicação limitada e a experiência em si de ser astronauta.

O pronome **ela**, na resposta da astronauta, faz referência a qual outra palavra mencionada no trecho?

_____

250

UM TEXTO PUXA OUTRO

Leia este artigo de divulgação científica.

Ciência também é coisa de menina

Você pode se imaginar viajando para a Amazônia para estudar os animais e as plantas da maior floresta tropical do mundo? Pode se imaginar também diante de vários telescópios e muitos computadores tentando descobrir novas estrelas e planetas? Pode ainda se imaginar estudando doenças e tentando criar vacinas ou remédios? Podemos pensar em ser o que quisermos no futuro, não é mesmo? Mas você sabia que essa liberdade para sonhar com uma profissão nem sempre foi igual entre meninos e meninas?

Por muito tempo, algumas profissões foram consideradas como sendo para homens, enquanto outras eram vistas como coisa de mulher. A ciência, por exemplo, era algo aceitável apenas para meninos. Por causa disso, muitos cresceram e se tornaram cientistas, enquanto muitas meninas acharam que não poderiam seguir essa carreira.

As pessoas achavam inapropriado que mulheres fizessem ciência e trabalhassem junto com homens nos laboratórios de pesquisa, explorando florestas, tripulando espaçonaves, e muito mais. Acontece que a verdade agora é uma só: todos podem ocupar o lugar que quiserem.

Lugar de menina é onde ela quiser!

Essa separação entre o que é adequado para meninos ou para meninas nunca deveria ter existido. Quem ainda hoje fala alguma coisa desse tipo é porque está muito atrasado nos pensamentos.

Lá no passado, enfrentando preconceitos e dificuldades, muitas meninas insistiram em seus sonhos, se tornando grandes cientistas e transformando o mundo. Entre as maiores descobertas da ciência feitas por mulheres estão: o DNA ("código" que carrega as informações genéticas de cada ser vivo), alguns elementos químicos, o mapeamento do fundo dos oceanos, a radiação, a composição do Sol e o primeiro computador! Não é incrível?

Para mostrar ao mundo que lugar de mulher é onde ela quiser – inclusive fazendo ciência! – algumas dessas mulheres têm se unido e formado grupos que chamam de 'redes de apoio' para levar essa liberdade de sonhar a meninas do mundo todo!

[...]

Disponível em: http://chc.org.br/artigo/ciencia-tambem-e-coisa-de-menina/. Acesso em: 6 ago. 2022.

1 Esse texto se dirige a crianças ou adultos? Como você chegou a essa conclusão?

2 O que você quer ser quando crescer? Por quê?

ESTUDO DA LÍNGUA

Tipos de frase

Releia esta frase do artigo "Ciência também é coisa de menina".

A ciência, por exemplo, era algo aceitável apenas para meninos.

Frase é o conjunto de palavras que comunica um pensamento completo.

As frases podem ser **declarativas**, **interrogativas**, **exclamativas** e **imperativas**.

As **frases declarativas** podem ser afirmativas ou negativas. As **frases declarativas afirmativas** afirmam alguma coisa, fazem uma declaração simples.

Exemplo:

Acontece que a verdade agora é uma só: todos podem ocupar o lugar que quiserem.

As **frases declarativas negativas** negam alguma coisa, fazem a negação de uma declaração.

Exemplo:

Por causa disso, muitos cresceram e se tornaram cientistas, enquanto muitas meninas acharam que não poderiam seguir essa carreira.

As **frases interrogativas** perguntam alguma coisa, indicam uma interrogação.

Exemplo:

Você pode se imaginar viajando para a Amazônia para estudar os animais e as plantas da maior floresta tropical do mundo?

As frases exclamativas indicam exclamação, admiração, surpresa, alegria, espanto, dor, medo, susto.

Exemplo:

Para mostrar ao mundo que lugar de mulher é onde ela quiser – inclusive fazendo ciência! – algumas dessas mulheres têm se unido e formado grupos que chamam de 'redes de apoio' para levar essa liberdade de sonhar a meninas do mundo todo!

As frases imperativas indicam ordem ou pedido.

Exemplos:

Sonhe com que tipo de cientista quer ser!

ATIVIDADES

1 Escreva uma frase negativa, uma interrogativa e uma exclamativa, partindo desta frase.

As crianças foram ao parque.

a) negativa

_____
_____

b) interrogativa

_____
_____

c) exclamativa

_____
_____

2 Classifique as frases a seguir.

a) Por favor, abra a porta.

_____

b) Hoje não vou à escola.

_____

c) Rafaela sabe dançar.

_____

d) Que belo ramalhete!

_____

e) Venha cá, Paula.

_____

f) Que horas são?

_____

g) Maria Helena não veio trabalhar.

_____

h) Fique aí!

_____

3 Transforme as frases afirmativas em negativas.

a) A moça piscou o olho para o rapaz.

_____

b) Pedro perdeu uma lapiseira.

_____

c) O dia está bonito.

_____

d) O velho rei é bom.

_____

Oração e período

> Todo enunciado que contém apenas um verbo é chamado de **oração**.

Leia.

> Nesse estágio, eu descobri essa simulação.

O enunciado acima é uma oração? Explique.

_____

> A frase com verbo também recebe o nome de **período**. Em um período há tantas orações quantos forem os verbos.

Leia.

> Minha dica é: sejam curiosos e curiosas.

Nesse enunciado há dois verbos. Quais são eles?

_____

Há quantas orações no enunciado acima?

_____

> Quando um enunciado é formado por uma única oração, ele é chamado de **período simples**.

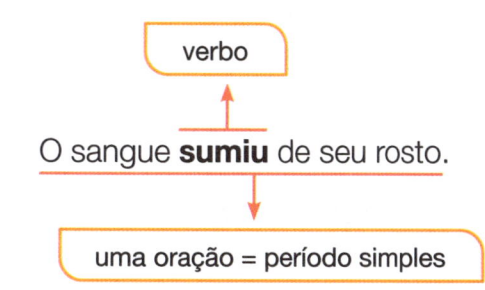

verbo ↑
Ele **tremia** muito.
↓
uma oração = período simples

verbo ↑
O sangue **sumiu** de seu rosto.
↓
uma oração = período simples

255

> Quando um enunciado é formado por mais de uma oração, ele é chamado de **período composto**.

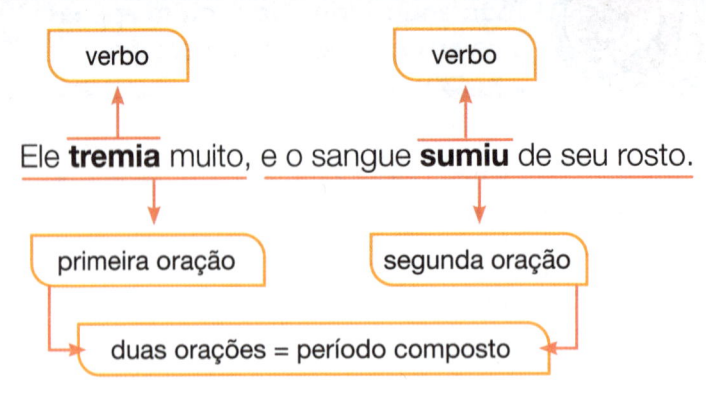

Ele **tremia** muito, e o sangue **sumiu** de seu rosto.

- tremia → verbo → primeira oração
- sumiu → verbo → segunda oração
- duas orações = período composto

Tanto o período simples como o composto terminam com um destes sinais de pontuação: ponto-final (**.**), ponto de exclamação (**!**), ponto de interrogação (**?**) ou reticências (**...**).

ATIVIDADES

1 Releia este trecho da entrevista e copie os verbos.

> A gente se veste, age, come e faz tudo como astronautas.

_____

- Há quantas orações no enunciado acima?

_____

2 Classifique os períodos a seguir em **simples** ou **compostos**.

a) Percorreu todas as salas. _____

b) Percorreu todas as salas, mas não achou ninguém. _____

c) Tinha-o como amigo. _____

d) Como está frio, fiquei em casa. _____

e) Tanto ele como o irmão são meus amigos. _____

ORTOGRAFIA

Palavras terminadas em -isar e -izar

A professora achou melhor **pesquisar** sobre o assunto.
O aluno resolveu não **atualizar** sua agenda.

Observe que o som da terminação dos verbos "pesquisar" e "atualizar" é igual, mas a grafia é diferente.

pesquisa – pesquisar   atual – atualizar

> A terminação **-isar** caracteriza os verbos derivados de palavras com **s**.
> A terminação **-izar** caracteriza os verbos derivados de palavras que não têm **s**.

ATIVIDADES

1 Escreva os verbos derivados destas palavras, seguindo o exemplo.

preciso – precisar

paralisia _____

piso _____

análise _____

friso _____

improviso _____

2 Forme verbos usando **-izar**. Veja o exemplo.

atual – atualizar

canal _____

concreto _____

fiscal _____

agonia _____

civil _____

anarquia _____

simpatia _____

3 Transforme as palavras abaixo em verbos, acrescentando **-isar** ou **-izar**, de acordo com a regra de uso dessas terminações.

central _____

colônia _____

revisão _____

civilização _____

aviso _____

suave _____

real _____

humano _____

Senão / se não

Senão é uma palavra que significa do contrário, de outro modo.
Se não é uma expressão que dá ideia de condição, de hipótese.

Observe os exemplos.

Você tem de ir ao médico, **senão** não poderá tomar remédio para melhorar da gripe.
Se não chover, o time de Regina vai jogar.

Ao encontro de / de encontro a

Estas duas expressões têm sentidos opostos.

Vir ao encontro de alguma coisa significa algo favorável, agradável, bem-vindo.
Mas **vir de encontro a** alguma coisa é indesejável, pois dá ideia de contrariedade.

Veja os exemplos:

Sua presença veio **ao encontro de** nossos interesses. (sua presença foi **bem-vinda**)
Sua presença veio **de encontro a** nossos interesses. (sua presença foi **desagradável**)

ATIVIDADES

1 Complete corretamente as frases com uma das expressões entre parênteses.

a) Os noivos subiram ao altar para ir _____ felicidade. (ao encontro da/ de encontro à)

b) Infelizmente, seu projeto vai _____ desejo da maioria. (ao encontro do/ de encontro ao)

c) Acho ótima sua ideia. Ela vem _____ que eu tinha imaginado. (ao encontro do/ de encontro ao)

d) Espero que não me culpes _____ der certo. (senão/ se não)

e) A escritora teve de comprar a passagem antes, _____ não conseguiria viajar no Natal. (senão/ se não)

f) Um espaço cultural deve estar a serviço da qualidade, _____ ninguém lhe dá o devido valor. (senão/ se não)

2 No caderno, forme frases com: **senão** e **se não**, **de encontro a** e **ao encontro de**.

PRODUÇÃO DE TEXTO

Com a orientação do professor, você e seus colegas vão entrevistar pessoas que trabalham em diferentes áreas para produzir uma **Mostra de Profissões na área científica**. Depois, vão expor o resultado desse trabalho nos murais da escola.

Mãos à obra!

Preparação

Reúna-se com mais dois colegas e, juntos, decidam quem será o entrevistado: alguém que trabalhe na área da ciência, como biomédicos, engenheiros, *designers*, cientistas da computação, farmacêuticos, médicos etc.

Conversem com a pessoa escolhida, façam o convite e expliquem o objetivo do trabalho.

Planejamento e escrita

Pensem nas coisas interessantes que essa pessoa tem para contar a todos. Preparem cinco perguntas para fazer ao entrevistado.

Compareçam ao lugar marcado com o(a) entrevistado(a) e verifiquem se o equipamento de gravação está funcionando.

Durante a entrevista:

- iniciem as perguntas, falando com clareza e pausadamente. Não interrompam o(a) entrevistado(a);
- se perceberem que é possível ampliar as questões a partir das respostas dadas, aproveitem a oportunidade;
- ao final, agradeçam ao(à) entrevistado(a) pela gentileza em conceder a entrevista.

Em seguida, na sala de aula, organizem a entrevista:

- transcrevam as perguntas e respostas, identificando o(a) entrevistador(a) e o(a) entrevistado(a);
- verifiquem se não há respostas repetidas. Deixem a mais interessante para fechar a entrevista;
- façam uma legenda para a foto (se houver). Deem um título que desperte a curiosidade do leitor.

Revisão e reescrita

Troquem a entrevista de vocês com a de outro grupo da turma e avaliem se a entrevista está interessante, se reconhecem a profissão do entrevistado.

Recebam as observações do outro grupo ao trabalho de vocês e façam as correções necessárias. Combinem com o professor como será a Mostra das profissões.

AMPLIANDO O VOCABULÁRIO

conselho

(con-**se**-lho): 1. Opinião que se dá a outro para orientá-lo.
Exemplo: *Que conselho você daria para crianças que querem ser astronautas?*
2. Conjunto de pessoas que têm a função de dar opiniões sobre assuntos de uma organização. Exemplo: *O conselho da escola discutiu o caso daqueles alunos.*

inapropriado

(i-na-pro-pri-**a**-do): aquilo que não é próprio para determinada situação; inadequado. Exemplo: *Mulher cientista era algo inapropriado.*

Cataratas do Iguaçu.

potencial

(po-**ten**-ci-al): 1. Conjunto de capacidades de uma pessoa.
Exemplo: *Temos muito potencial para realizar o que queremos.*
2. Força de ação que pode ser aproveitada. Exemplo: *A cachoeira tem potencial para gerar energia.*

radiação

(ra-di-a-**ção**): transmissão de energia através do espaço.
Exemplo: *A radiação está entre as descobertas feitas por mulheres.*

simulação

(si-mu-la-**ção**): fazer parecer real, fingir.
Exemplo: *Para ser astronauta, é preciso se exercitar todos os dias na simulação da viagem por uma hora.*

Astronauta vestido para simulação de viagem ao espaço.

LEIA MAIS

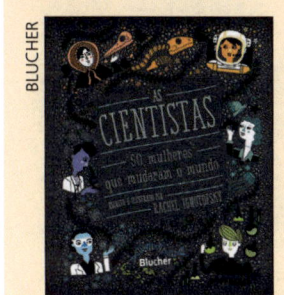

As cientistas: 50 mulheres que mudaram o mundo
Rachel Ignotofsky. São Paulo: Blucher, 2017.

Essa obra apresenta diferentes contribuições de 50 mulheres para a ciência com ilustrações que encantam. Entre suas profissões temos engenheiras, astronautas, físicas, biólogas, matemáticas e outras!

O Grande Livro de Ciências do Manual do Mundo
Mari Fulfaro e Iberê Thenório. Rio de Janeiro: Sextante, 2019.

Em meio a muitas cores e ilustrações, você poderá conhecer diferentes coisas relacionadas a ciências, desde experimentos até as Leis de Newton! Vale a pena explorar.

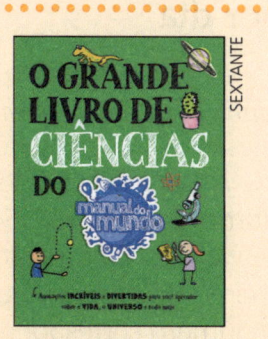

O mais sensacional guia intergaláctico do espaço
Carole Stotti. Eduardo Brandão (trad). São Paulo: Companhia das Letrinhas, 2019.

É um livro para aprender um pouco mais sobre o Sistema Solar, as estações espaciais, descobrir como as estrelas se formam...

Viagem pelo Universo
Gisela Socolovsky. São Paulo: Ciranda Cultural, 2020.

Você consegue imaginar o mundo antes do surgimento dos planetas? Antes do Universo aparecer? Que tal descobrir como tudo começou? Aprenda o que um astronauta faz e como são as coisas lá pelo espaço... Há muitas curiosidades que vão surpreender você!!!

Sites
Ciência Hoje das Crianças - http://chc.org.br/
Superinteressante - https://super.abril.com.br/
Galileu - https://revistagalileu.globo.com/

LIÇÃO 14 — OS IDOSOS

VAMOS COMEÇAR!

Leia a notícia a seguir.

Brasil soma mais de 200 denúncias de violência contra idosos por dia

Segundo relatório da Ouvidoria de Direitos Humanos, foram 39.333 registros até junho. Violência física e psicológica preocupam

CIDADES | Joyce Ribeiro, do R7 - 10/07/2021 - 02h16

A Ouvidoria Nacional dos Direitos Humanos registrou 39.333 denúncias de violência contra idosos no país apenas no primeiro semestre deste ano. O número corresponde a 215 por dia e representa mais de 26% do total de relatos recebidos pelo Disque 100, Ligue 180 e aplicativos de Direitos Humanos. O montante pode ser até maior porque, na pandemia, as vítimas estão confinadas por mais tempo com os agressores.

"A partir de 2019, houve uma reformulação no Disque 100 e o aprimoramento das denúncias. Na comparação com 2020, houve aumento, mas isso não significa que todas são verídicas. A dificuldade é encaminhar o relato para o município e ele ter como apurar. Às vezes, quando chega, já foi superada, por isso a importância da criação de uma rede de proteção mais rápida", afirma Antonio Costa, secretário nacional de Promoção e Defesa dos Direitos da Pessoa Idosa.

Segundo o relatório da Ouvidoria, em 6 meses, foram registradas 156.777 violações de Direitos Humanos: física, patrimonial, psíquica, de liberdade, entre outras. Em só uma denúncia, pode haver diferentes violações. A psíquica tem mais de 31 mil registros e a de integridade física, outros 30 mil.

Ao longo de 2020, foram quase 88 mil registros de violência contra pessoas idosas, o que representa uma média de cerca de 240 por dia, de acordo com a Ouvidoria. O crime fica atrás apenas de violência contra mulher (105 mil) e contra crianças e adolescentes (95 mil).

[...]

Disponível em: https://noticias.r7.com/cidades/brasil-soma-mais-de-200-denuncias-de-violencia-contra-idosos-por-dia-28032022. Acesso em: 22 jul. 2022.

ESTUDO DO TEXTO

1 Qual é o fato tratado na notícia lida?

_____

2 Em que local aconteceu esse fato?

_____

3 Uma notícia geralmente é assinada, isto é, o jornalista que a escreve se responsabiliza pelo relato dos fatos. Localize o nome da jornalista que escreveu a notícia e copie-o.

_____

4 Segundo a notícia, as denúncias de violência contra idosos soma mais de 26% do total dos relatos recebidos pelo Disque 100, Ligue 180 e aplicativos de Direitos Humanos.

   a) Você sabe para que servem o Disque 100 e o Ligue 180 de comunicação? Se não, realize uma pesquisa e registre suas descobertas.

_____

_____

   b) A jornalista afirma que "O montante [de denúncias] pode ser até maior [...]". Isso significa que:

     ☐ os dados fornecidos são exatos e, por isso, é possível saber quantos idosos foram violentados no país.

     ☐ pode ser que os dados não reflitam exatamente a realidade, apesar de ainda serem alarmantes.

   c) Quais são os tipos de violência registrados nos canais de atendimento?

_____

5 Quais outras parcelas da sociedade também são citadas na notícia no que se refere a crimes de violência? Os dados sobre eles também são alarmantes?

_____

_____

UM TEXTO PUXA OUTRO

Você já se deu conta de que seus avós, tios e mesmo bisavós foram crianças um dia? Você gosta de ver retratos?

Leia o texto a seguir.

Bisa Bia

A gente ia conversando e olhando os retratos. De repente eu vi um que era a coisa mais fofa que você puder imaginar. Para começar, não era quadrado nem retangular, como nos retratos que a gente sempre vê. Era meio redondo, espichado. Oval, mamãe explicou depois, em forma de ovo. E não era colorido nem preto e branco. Era marrom e bege clarinho. Mamãe disse que essa cor de retrato velho chamava sépia. E não ficava solto, que nem essas fotos que a gente tira e busca depois na loja, num álbum pequeno ou dentro de um envelope. Nada disso. Esse retrato oval e sépia ficava preso num cartão duro cinzento, todo enfeitado de flores e laços de papel mesmo, só que mais alto, como se o papelão estivesse meio inchado naquele lugar — gostoso de ficar passando o dedo por aquele cartão alto. E dentro disso tudo é que estava a fofura maior. Uma menininha linda, de cabelo todo cacheado, vestido claro cheio de fitas e rendas, segurando numa das mãos uma boneca de chapéu e na outra uma espécie de pneu de bicicleta soltinho, sem bicicleta, nem raio, nem pedal, sei lá, uma coisa parecida com um bambolê de metal.

— Ah, mãe, me dá essa bonequinha...
— Não é boneca, minha filha, é um retrato da vovó Beatriz...
— Ué, essa avó eu não conheço. Só conheço a vó Diná e a vó Ester. Tem outras, é?
— Tem, mas é minha. Vovó Beatriz. Sua bisavó...
— Minha bisavó Beatriz...

Fiquei olhando para o retrato e logo vi que não podia chamar de bisavó Beatriz aquela menina fofa com jeito de boneca. Não tinha cara nenhuma de bisavó, vê lá... Dava vontade de brincar com ela.

Ana Maria Machado. *Bisa Bia, Bisa Bel*. São Paulo: Salamandra, 2007.

1 O texto "Bisa Bia" é narrativo. Nele há dois personagens principais. Quais são?
_____

2 Qual deles narra a história?
_____

3 O que os personagens estavam fazendo? Justifique com trechos do texto.
_____
_____
_____

4 O que acontece de repente?
_____
_____
_____

5 Por que você acha que o retrato chamou tanto a atenção da menina?
_____
_____
_____

6 A menina disse que logo viu que não podia chamar a menina do retrato de bisavó. Por quê?
_____
_____
_____

7 Você conhece seus avós e bisavós? Como é a sua relação com eles? Conte aos colegas suas experiências juntos e ouça a deles com atenção.

ESTUDO DA LÍNGUA

Sujeito simples e sujeito composto

Leia.

Minha bisavó chamava-se Beatriz.
↓
sujeito

O sujeito dessa oração é formado por duas palavras: **minha** e **bisavó**. Uma delas é a principal, o substantivo **bisavó**.

O sujeito das orações pode ser formado por mais de uma palavra principal. Observe estes exemplos:

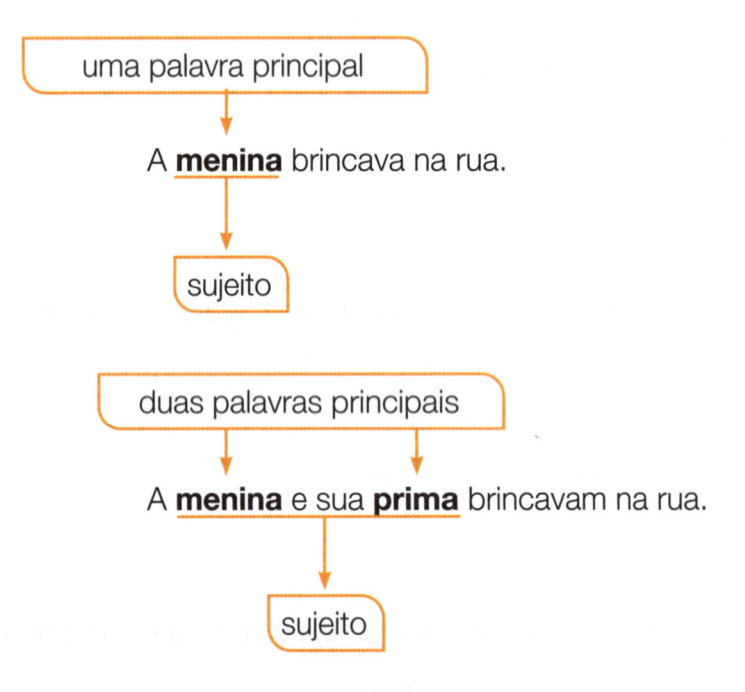

uma palavra principal
↓
A **menina** brincava na rua.
↓
sujeito

duas palavras principais
↓   ↓
A **menina** e sua **prima** brincavam na rua.
↓
sujeito

A palavra principal do sujeito de uma oração é chamada de **núcleo do sujeito**.

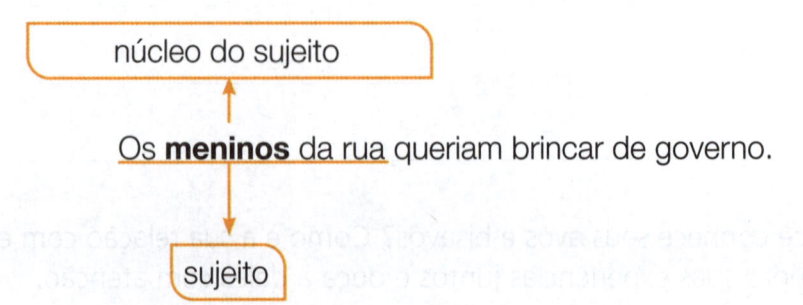

núcleo do sujeito
↑
Os **meninos** da rua queriam brincar de governo.
↓
sujeito

> Quando o sujeito de uma oração tem só um núcleo, ele é chamado de **sujeito simples**.

Por exemplo:

um núcleo do sujeito

Ana é muito simpática.

sujeito simples

um núcleo do sujeito

Todos os **alunos** entraram no jogo.

sujeito simples

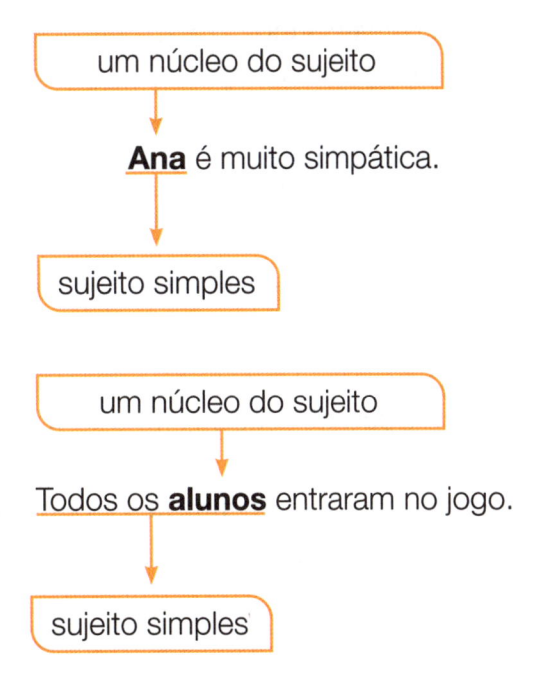

> Quando o sujeito de uma oração tem mais de um núcleo, ele é chamado de **sujeito composto**.

Por exemplo:

dois núcleos do sujeito

Ana e **Pedro** são muito simpáticos.

sujeito composto

dois núcleos do sujeito

Todos os **alunos** e todos os **professores** entraram no jogo.

sujeito composto

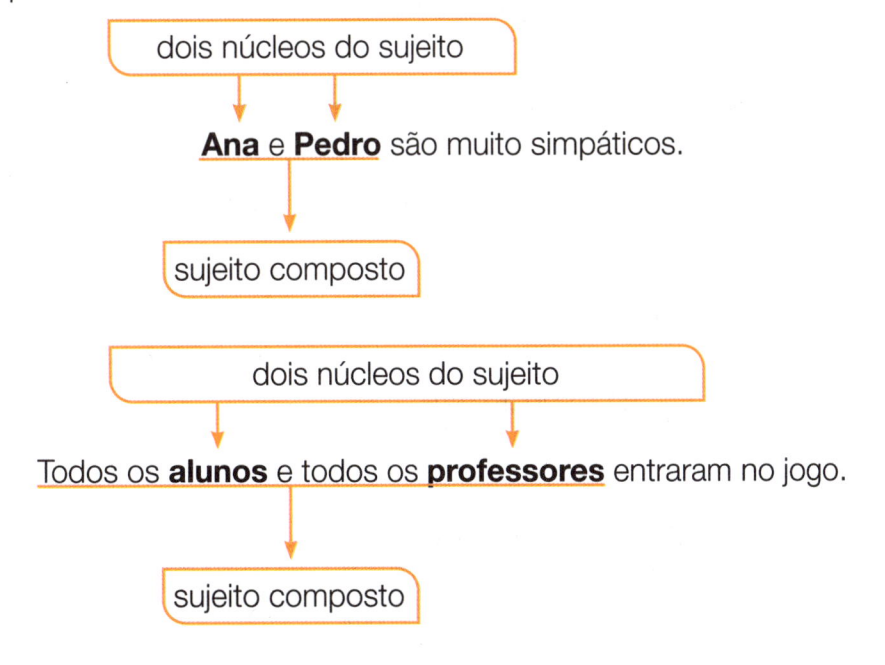

ATIVIDADES

1 Copie o sujeito destas orações:

a) Mafalda e Manolito estavam conversando.

b) Meninas e meninos gostam de brincar.

c) A professora, os alunos e alguns monitores viajaram juntos.

- Agora, circule as palavras principais de cada sujeito que você copiou.

2 Classifique os sujeitos das orações a seguir em **simples** e **compostos**.

a) Pedro e Paulo são defensores do meio ambiente.

b) Elas não estão aqui neste momento.

c) O professor e os alunos vieram à festa.

d) Alguns viajantes estiveram aqui.

e) Perto da ponte desceram alguns turistas.

f) O vendedor e o gerente da loja atenderam o cliente.

g) O tempo passava monotonamente.

h) Eu e meus amigos viemos auxiliá-lo.

ORTOGRAFIA

Uso de **há** e **a**

Leia o título de uma notícia.

> Parados **há** 32 dias, professores de SP mantêm greve e governo marca reunião
>
> *Folha de S.Paulo*, 17 abr. 2015.

A palavra **há** é uma forma conjugada de qual verbo? _____

Qual verbo poderia substituir o verbo **há** no título? _____

O verbo **há** exprime a ideia de passado. Veja outros exemplos:
As férias começaram **há** dias.
Minha família chegou à cidade **há** muitos anos.

> Empregamos **há** para indicar tempo passado e quando for possível substituí-lo pela palavra **faz**.
> O passeio aconteceu **há** muitos anos.
> O passeio aconteceu **faz** muitos anos.

Agora compare:
Daqui **a** três meses iremos ao Rio de Janeiro.
Daqui **a** alguns anos ele se lembrará dos amigos da escola.
Nessas frases com a preposição **a**, a ideia é de futuro.

> Empregamos **a** para indicar tempo futuro e quando for impossível substituí-la pela palavra **faz**.
> Daqui **a** pouco vai chover.
> Daqui **"faz"** pouco vai chover. (impossível a substituição)

ATIVIDADE

1 Complete as frases com **a** ou **há**.

a) Passei por lá _____ alguns dias.

b) _____ poucas horas Pedro chegou.

c) Daqui _____ dois meses, ele aparecerá.

d) Estamos _____ poucos dias do começo das férias.

Palavras com sc

Leia estas palavras em voz alta, prestando atenção ao som das letras destacadas.

cebola	**s**emente	a**ss**ento	ex**c**eção	de**sc**er

Há diferença de som entre elas? _____

Em português, o mesmo som pode ser representado, na escrita, por mais de uma letra ou grupo de letras. Por exemplo, o som do **c** em **cebola** pode, em outras palavras, ser escrito com **s**, **ss** ou **sc**.

Uma forma de sabermos como escrever certas palavras que nos deixam em dúvida é pensar na grafia de outras palavras da mesma família.

ATIVIDADES

1 Sabendo que **descer** e **crescer** se escrevem com **sc**, complete as palavras da mesma família e copie-as.

de____ida _____   cre____imento _____

de____endo _____   cre____ido _____

de____eu _____   decre____er _____

2 Complete corretamente as palavras e copie-as.

indi____iplina _____   adole____ente _____

fa____inar _____   rejuvene____er _____

con____iente _____   acré____imo _____

flore____er _____   incon____iente _____

3 Recorte de jornais e revistas palavras em que o **sc** tenha o som do **c**, como em **cebola**. Cole as palavras no quadro a seguir.

PRODUÇÃO DE TEXTO

Forme um grupo com mais dois colegas. Juntos, vocês vão escrever uma notícia para ser publicada no "Jornal Mural".

Preparação

Vocês vão imaginar que são jornalistas e buscar fatos interessantes e atuais para noticiar aos colegas.

- A notícia pode ser relacionada a qualquer área: esporte, teatro, música, dança, ecologia e meio ambiente, transporte, datas comemorativas, saúde etc.
- Vocês podem tanto noticiar um acontecimento da escola como do bairro, da cidade e mesmo do país.

Quando escolherem o fato que vai ser noticiado, comecem a pesquisar informações sobre ele. No caderno, escrevam respostas para todas estas perguntas: *O que aconteceu? Com quem? Quando? Onde? Como? Por quê?*

Escrita

No primeiro parágrafo da notícia, deem ao leitor quase todas as informações, mas sem nenhum detalhe.

Nos parágrafos seguintes, expliquem melhor essas informações.

Usem linguagem formal, pois a notícia ficará exposta para quem quiser ler.

Se for possível, entrevistem uma pessoa que tenha relação com o fato noticiado. Atenção:

- Vocês devem deixar claro para o leitor da notícia quem é a pessoa entrevistada.
- A fala do entrevistado deve ficar entre aspas.

Escolham para a notícia um título que seja interessante para o leitor e que mostre a ele qual assunto vai ser tratado.

Revisão e reescrita

Troquem o texto de vocês com o de outro trio/grupo. Leiam o que os colegas escreveram, avaliando se:

- o título permite ao leitor imaginar do que a notícia vai tratar;
- o fato noticiado é atual;
- o primeiro parágrafo tem as informações principais;
- os parágrafos seguintes dão mais informações e detalhes;
- há o depoimento de pessoas entrevistadas e se elas foram identificadas;

Usem as observações que seus colegas fizerem e reescrevam o texto.

AMPLIANDO O VOCABULÁRIO

fofo

(**fo**-fo): 1. Que afunda facilmente com algum peso em cima.
Exemplo: *Aquela almofada é muito fofa, deliciosa para descanso dos pés.*
2. Bonito e gracioso. Exemplo: *De repente, eu vi um porta-retrato que era a coisa mais fofa: era oval, espichado...*

Porta-retrato.

monótona

(mo-**nó**-to-na): 1. Que não muda de tom: uniforme.
Exemplo: *O barulho do trem nos trilhos era monótono.*
2. Que se aborrece por se repetir; desinteressante; aborrecido. Exemplo: *Os alunos não gostam de aulas monótonas.*

ouvidoria

(ou-vi-do-**ri**-a): 1. Órgão responsável por receber reclamações, denúncias, elogios, críticas, sugestões quanto a serviços prestados por determinado setor.
Exemplo: *A Ouvidoria Nacional dos Direitos Humanos registrou 39.333 denúncias de violência contra idosos no Brasil em apenas um semestre.*

sépia

(**sé**-pi-a): 1. De cor castanho-escuro.
Exemplo: *Esse retrato oval e sépia ficava preso num cartão duro.*
2. Molusco marinho que produz uma substância de cor castanho-escuro. Exemplo: *O navio adentrou nos mares de sépia.*

Sépia.

LEIA MAIS

Meus avós são demais!

Jennifer Moore-Mallinos. São Paulo: Companhia Editora Nacional, 2008.

Esse livro conta a história carinhosa de uma criança e seus avós. Meninos e meninas são incentivados a valorizar o relacionamento que têm com seus avós e a cultivar as lembranças afetuosas que têm deles, à medida que os anos passam e as crianças se tornam adultos.

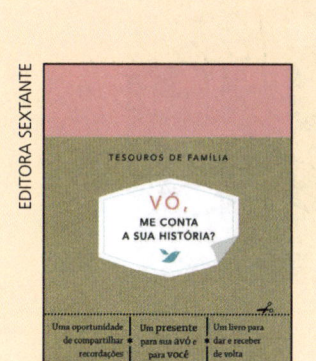

Vó, me conta a sua história?

Elma Van Vliet. Rio de Janeiro: Sextante, 2019.

Tudo aquilo que podemos guardar para posteriormente compartilhar nossas recordações são considerados tesouros de família. Esse livro colabora com essa prática, criando relações entre avós e netos.

O meu avô

Catarina Sobral. São Paulo: Martins Fontes, 2020.

Com essa história você vai conhecer a rotina e as características do avô de um garoto que, apesar de fazer muitas coisas, ainda tem tempo para acompanhar seu neto no retorno da escola.

LIÇÃO 15
E O MUNDO MUDOU

VAMOS COMEÇAR!

Leia a charge a seguir. Lembre-se de que uma charge é um texto que apresenta tanto aspectos visuais como verbais. Observe-os com atenção para fazer uma boa leitura.

GALVÃO, Jean. *Folha de S.Paulo*. Disponível em: http://goo.gl/itjAa5. Acesso em: 20 abr. 2021.

ESTUDO DO TEXTO

1 Quem são os personagens centrais da charge?
_____

2 Onde esses personagens estão? Justifique sua resposta.
_____
_____

3 O que esse cenário de fundo sugere?
_____
_____

4 Observe a menina que conversa com o Papai Noel.

a) O que ela diz?

_____

b) Nessa fala, há palavras que expressam afetividade, carinho. Quais são elas?

_____

5 Observe a carta nas mãos da menina. Visualmente, o que a cartinha retoma das palavras afetivas que a menina empregou?

_____

_____

6 Observe a fala do Papai Noel no balão.

a) O que ele diz?

_____

b) O que significa a palavra **cartão** na fala do Papai Noel?

_____

7 O que faz o humor da charge? Pense nas respostas dadas anteriormente.

_____

_____

_____

8 Podemos dizer que há, na fala do Papai Noel – absolutamente oposta à fala da menina –, uma crítica a valores da nossa sociedade? Por quê?

_____

_____

_____

_____

UM TEXTO PUXA OUTRO

Leia este artigo de opinião que revela um pouco sobre nossas práticas de consumo em datas festivas, levando-nos a refletir se realmente precisamos comprar tanto nessas épocas.

O Natal e o consumo compulsivo

No mês de dezembro a decoração natalina, iluminada e colorida, é um convite para as pessoas comprarem. A tentação fica ainda maior com o crédito fácil e o 13º, levando-as a gastarem mais do que se ganha. Porém estes não são os únicos estímulos. Nesta época do ano muitas pessoas se queixam de uma tristeza e, para camuflá-la, criam a ilusão de que comprar é a solução para preencher este vazio interior.

Assim, somado aos desejos inconscientes de cada um, muitos indivíduos diante de uma compra são tomados pelo imediatismo utilizando-se de justificativas como "eu mereço" ou "é natal". [...]

Mas será que é preciso comprar tanto?

Não há mal algum em comprar, porém é preciso cuidado para discernir se é uma fuga para reduzir o mais rápido possível uma tensão, ou se realmente é preciso adquirir determinado produto.

Emoção e razão estão presentes em todas nossas decisões, todavia deve haver um equilíbrio entre elas. Na hora de comprar, o planejamento é importante, examinando todas as alternativas, favoráveis ou não, descobrindo o que é melhor para si.

A necessidade de gastar em demasia, com a desculpa que é natal, pode representar uma necessidade de superar um sentimento de frustração que na maioria das vezes é a incapacidade do indivíduo de conhecer a si próprio e dar significado às suas emoções.

Diante da dificuldade em lidar com uma época que gera angústia e fragilidade, o ato de comprar é uma válvula de escape para lidar com tais aspectos.

Sendo o consumo mais emocional que racional, é importante uma avaliação da real necessidade daquilo que se quer comprar, já que não é a aquisição de um novo objeto que anula a tristeza ou a angústia, comuns nesta época do ano.

Jô Alvim. O Natal e o consumo compulsivo. Disponível em: https://g1.globo.com/sp/presidente-prudente-regiao/blog/psicoblog/post/o-natal-e-o-consumo-compulsivo.html. Acesso em: 22 jun. 2022.

1 O que há em comum entre esse texto e a charge lida no início dessa lição?

_____

_____

2 Qual é a opinião da autora desse artigo sobre o ato de comprar?

_____

_____

_____

3 Releia o trecho a seguir:

> Diante da dificuldade em lidar com uma época que gera angústia e fragilidade, o ato de comprar é uma **válvula de escape** para lidar com tais aspectos.

a) O que significa a expressão destacada?

_____

b) Ela é frequentemente utilizada no campo da:

☐ Arte.

☐ Psicologia.

☐ Educação.

☐ Astronomia.

c) Segundo o texto, quais são as justificativas que as pessoas dão para si mesmas ao comprar mais do que precisam no Natal?

_____

_____

_____

ESTUDO DA LÍNGUA

Sinônimos, antônimos e homônimos

Releia esse trecho.

> Ao ultrapassar a linha entre o saudável e o exagerado, o consumidor pode se transformar num comprador impulsivo ou compulsivo.

Agora leia este verbete de dicionário.

> **saudável** (sau.dá.vel) a2g. **1.** Que tem saúde (criança saudável); SADIO [Antôn.: doente, enfermo.] **2.** Que faz bem à saúde; SALUTAR; BENÉFICO: Só come alimentos saudáveis. [Antôn.: insalubre.] **3.** Fig. Que traz benefício físico e/ou espiritual (influência saudável; atitude saudável); BENÉFICO; FAVORÁVEL [Antôn.: maléfico.]
>
> Dicionário escolar da língua Portuguesa – Academia Brasileira de Letras.
> São Paulo: Companhia Editora Nacional, 2008. p. 489.

As palavras **saudável**, **benéfico**, **favorável** são sinônimas. Elas têm o mesmo sentido.

Leia outros exemplos de palavras sinônimas.

casa — moradia, habitação
vastas — amplas, grandes
apressou — antecipou
ternura — carinho, afeto
jubilosamente — alegremente
roubar — furtar

Agora leia estes trechos de outro artigo sobre consumo.

[...] De vez em quando, todo mundo adora fazer uma comprinha fora do habitual para quebrar a rotina e se sentir mais feliz, o que a internet tornou mais fácil.
[...]
Ainda não tão grave, mas não menos importante, o comprador impulsivo adquire qualquer coisa por impulso, num determinado momento, mas ainda sem ser rotineiro.

PORTAL Gaz. A importância do consumo consciente na hora das compras. Disponível em: https://www.gaz.com.br/a-importancia-do-consumo-consciente-na-hora-das-compras/. Acesso em: 22 jun. 2022.

Quais palavras desses trechos têm sentido contrário?

As palavras **mais** e **menos** são **antônimas**. Elas têm significados opostos.

Leia outros exemplos de palavras antônimas.

magro – gordo	barulho – silêncio
grande – pequeno	doméstico – selvagem
noturno – diurno	bom – mau

Leia estes pares de palavras.

cela – quarto pequeno
sela – arreio, assento do cavaleiro

acento – símbolo gráfico
assento – lugar onde se senta

cheque – ordem de pagamento
xeque – no jogo de xadrez, lance em que o rei é atacado

são – sadio
são – verbo ser

manga – fruta
manga – parte da vestimenta

Essas palavras são **homônimas**, ou seja, têm a mesma pronúncia, e, às vezes, a mesma grafia, mas significados diferentes.

ATIVIDADES

1 No trecho a seguir, as palavras destacadas são sinônimas, antônimas ou homônimas? Justifique.

> O consumo é inevitável, mas pode gerar mais **problemas** do que **soluções** ou satisfações.
>
> PORTAL Gaz. A importância do consumo consciente na hora das compras. Disponível em: https://www.gaz.com.br/a-importancia-do-consumo-consciente-na-hora-das-compras/. Acesso em: 22 jun. 2022.

_____

_____

2 Leia as palavras e seus sinônimos. Escolha duas palavras para formar frases.

caminho: estrada, trilho	**indagar**: investigar, pesquisar, perguntar
lembrar: recordar	**relento**: sereno
aroma: cheiro, odor	**vastas**: amplas, grandes, extensas

_____

_____

_____

_____

3 Escreva um sinônimo para a palavra destacada em cada frase.

a) O colégio precisa de **ordem**.

_____

b) O rapaz **executou** a tarefa.

_____

c) O diretor **fez** o pagamento.

_____

d) As salas são **vastas**.

_____

4 Dê o antônimo das seguintes palavras.

viva _____   não _____

feliz _____   pequena _____

entrar _____   ordem _____

triste _____   mal _____

dentro _____   valente _____

5 Complete as frases com o antônimo da palavra entre parênteses.

a) Renato _____ a garrafa térmica. (abriu)

b) O menino _____ a pipa. (prendia)

c) O homem _____ levou a carroça. (fraco)

d) Marcelo é um menino _____. (triste)

6 Forme uma frase com o antônimo de cada palavra a seguir.

a) lento: _____

_____

_____

b) tranquilo: _____

_____

_____

c) apressado: _____

_____

_____

d) velho: _____

_____

_____

ORTOGRAFIA

Palavras com e e i

Observe a grafia das palavras de cada quadro.

Escrevem-se com e (e não com i)		
aéreo	cadeado	quase
antediluviano	demissão	se
anteprojeto	despencar	sequer
arrepio	mexerica	seringa

Escrevem-se com i (e não com e)		
adiantar	criado	inigualável
adiante	crioulo	invés
adivinho	diante	meritíssimo
casimira	disparate	miúdo
cordial	esquisito	pátio
corrimão	esquisitice	penicilina
crânio	igreja	pior
criar	idade	privilegiado

ATIVIDADES

1 Complete as palavras com **e** ou **i** . A seguir, leia-as em voz alta.

ad__antar　　　　cr__ar　　　　corr__mão

aér__o　　　　pát__o　　　　pr__vilégio

__scola　　　　crân__o　　　　esqu__sito

d__ante　　　　__nvés　　　　ad__vinhar

2 Forme frases com estas palavras.

esquisitice　　continue　　privilégio　　atrai

_____

_____

Palavras terminadas por u e por l

Leia.

> pa**u** – pa**us**
> degra**u** – degra**us**

> especi**al** – especi**ais**
> past**el** – past**éis**

> Você percebeu como é formado o plural das palavras terminadas por u e por l?

As palavras terminadas em **u** formam o plural pelo acréscimo de **s**.
As palavras terminadas em **l** formam o plural trocando o **l** por **is**.

ATIVIDADES

1 Enumere adequadamente as palavras:

1. Palavras terminadas por **u**   **2.** Palavras terminadas por **l**

Depois, passe as palavras para o plural.

- ☐ social _____
- ☐ cacau _____
- ☐ caracol _____
- ☐ legal _____
- ☐ mingau _____
- ☐ azul _____
- ☐ tropical _____
- ☐ curau _____

- ☐ mau _____
- ☐ atual _____
- ☐ papel _____
- ☐ berimbau _____
- ☐ possível _____
- ☐ troféu _____
- ☐ agradável _____
- ☐ mundaréu _____

2 Leia e acentue as palavras quando for necessário.

> ceu   seu   veu   reu   pastel   chapeu   meu   trofeu

a) As palavras que você acentuou terminam em **l** ou **u**? _____

b) O som da vogal **e** nessas palavras é aberto ou fechado? _____

283

PRODUÇÃO DE TEXTO

Agora que você já refletiu sobre o consumo, é hora de produzir um texto com a sua opinião. O objetivo é defender seu ponto de vista, expondo sua opinião e seus argumentos. Observe este quadro:

O texto argumentativo opinativo é constituído por:

- **Ponto de vista:** a perspectiva, o modo pessoal de ver um fato, um assunto. Um mesmo fato pode ser entendido de diferentes pontos de vista, que dão origem a diferentes opiniões.
- **Fato:** um acontecimento real, narrado tal qual ocorreu.
- **Opinião:** expressão pessoal do que se pensa a respeito de um fato, que pede, necessariamente, uma posição.
- **Argumentos:** justificativas que esclarecem o ponto de vista assumido e fundamentam a opinião. São evidências, provas, dados e outros elementos que sustentam a ideia defendida.

Comece formando uma roda de conversa com os colegas; então, discuta as questões a seguir e registre as informações que forem apresentadas, preparando-se para pensar em um ponto de vista, dar uma opinião e argumentar sobre o tema "educação para o consumo".

Questões

- O estudo sobre educação financeira pode contribuir para melhorar os hábitos de consumo dos estudantes da nossa turma?
- Você acha importante conversar com familiares sobre os textos trabalhados nesta lição e as discussões sobre o tema "consumo infantil"?
- A televisão e o *marketing* publicitário influenciam ou não o consumismo infantil? Por quê?
- Quais são as atitudes mais importantes que as crianças devem tomar para se tornarem consumidores conscientes?

Preparação

Para complementar as informações trocadas com os colegas, pesquise em revistas e jornais, impressos e digitais, *sites* especializados na internet e em outras fontes. Como sugestão, acesse: https://www.jornaljoca.com.br/em-pauta-educacao-financeira-e-voce-com-isso/ e leia sobre o assunto. Acesso em: 3 ago. 2022.

Você também pode pedir a opinião de seus familiares e outras pessoas de seu convívio.

A partir da pesquisa realizada e dos dados coletados, elabore um parágrafo no caderno, com a defesa da sua opinião. Mostre-o aos seus familiares e verifique se os convenceu do seu ponto de vista.

Planejamento e criação

De posse de todas as informações e dados coletados, anotações da discussão em grupo e parágrafo com sua opinião, siga este roteiro.

- Retome as questões que foram discutidas com os colegas, expondo seu ponto de vista e os argumentos elaborados.
- Leia com atenção e reflita se tudo o que foi escrito pode ser interessante para sua produção.
- Atente para o uso das palavras que estabelecem relação entre as partes do texto, por exemplo, os pronomes que retomam informações anteriores.
- Organize o texto em parágrafos de acordo com as características do gênero artigo de opinião.
- Cuide para empregar corretamente os verbos, conforme o tempo verbal que corresponda adequadamente às frases produzidas. Observe a concordância verbal, use aspas para destacar palavras que mereçam atenção especial do leitor.
- Faça as correções necessárias: pontuação, ortografia, acentuação etc.

Revisão e reescrita

Releia seu texto e verifique se há palavras, expressões, frases etc. que precisam ser alteradas. Depois de ajustar o necessário, reescreva com letra legível e sem rasuras. Entregue para o professor fazer a revisão.

Faça os ajustes no texto conforme orientações do professor e finalize a edição.

Avaliação

- O texto apresenta seu ponto de vista sobre o tema "educação para o consumo"?
- As informações trocadas na roda de conversa ampliaram o tema proposto?
- As informações reforçaram o fato de que as crianças devem se tornar, desde pequenas, consumidores conscientes?

AMPLIANDO O VOCABULÁRIO

casimira

(ca-si-**mi**-ra): tecido de lã, fino e leve para vestuário.

Exemplo: *Era muito comum observar senhores em seus ternos de casimira, tomando chá com suas esposas.*

Terno de casimira.

disparate

(dis-pa-**ra**-te): ação sem sentido: absurdo.

Exemplo: *É um disparate pegar água com balde furado.*

impulsivo

(im-pul-**si**-vo):

1. Movido por impulso. Exemplo: *O barco avança pela força impulsiva do motor.*

2. Que age por impulso. Exemplo: *A pessoa impulsiva fala sem pensar. O comprador impulsivo compra qualquer coisa.*

3. Que se irrita com facilidade. Exemplo: *Aquele homem é muito impulsivo.*

míngua

(**mín**-gua): falta de alguma coisa necessária: falta, escassez.

Exemplo: *A míngua de dinheiro atormenta muitas famílias.*

Carteira sem dinheiro.

LEIA MAIS

Consumo consciente, gente contente!

Álvaro Modernell. Brasília: Mais Ativos, 2018.

Um garotinho some no meio de um passeio no *shopping* e muitas ações se desenrolam a partir daí. Nesse contexto, vamos descobrir mais sobre os perigos do consumismo, o valor das coisas, explorando a educação financeira de forma divertida.

Você Precisa de quê? A diferença entre consumo e consumismo

Silmara Franco. São Paulo: Moderna, 2016.

Na leitura dessa obra, os leitores poderão descobrir a diferença entre consumo e consumismo ao mesmo tempo em que debatem o que realmente precisam e o que apenas desejam comprar. Com muitas ilustrações, infográficos e fotografias, é uma forma de aprender bem legal!

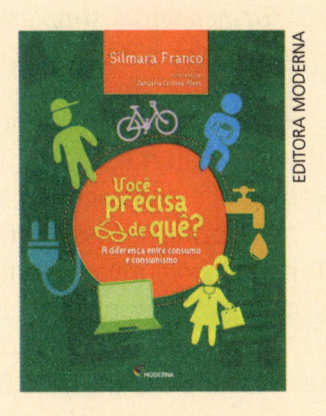

No mundo do consumo: o bom uso do dinheiro

Edson Gabriel Garcia. São Paulo: FTD, 2021.

Com base na preocupação de uma professora, o leitor vai acompanhar nessa obra discussões sobre os perigos do consumismo e a influência da propaganda no dia a dia das pessoas.

LIÇÃO 16
A IMPORTÂNCIA DO BRINCAR

VAMOS COMEÇAR!

O texto a seguir é uma reportagem que foi publicada em um *site* informativo. Leia o título da reportagem e conte aos colegas o que você sabe sobre esse tema. Depois, leia o texto e amplie suas informações sobre o assunto.

'Brincar é fundamental para o desenvolvimento', diz especialista

EDUCAÇÃO | Karla Dunder, do R7 – 12/10/2021 – 02h00

Brincadeiras simples, baratas e que podem ser realizadas em família auxiliam na aprendizagem das crianças e dos adolescentes

Neste Dia das Crianças a palavra de ordem é brincar, uma atividade que diverte e ao mesmo tempo desenvolve aspectos cognitivos e de aprendizagem de crianças e adolescentes.

"O brincar é isso: ajuda a criança a organizar o seu pensamento, desenvolver as funções executivas, planejar e organizar a brincadeira e brincar é fundamental para o desenvolvimento das crianças", explica a psicopedagoga Ivone Scatolin Serra.

Brincar é considerado pela ONU (Organização das Nações Unidas) um direito universal e é durante a brincadeira que a criança desenvolve habilidades básicas como a coordenação motora, aspectos cognitivos, sociais e emocionais. O ato de brincar também contribui para a aprendizagem ao ajudar no desenvolvimento da concentração, nas interações sociais e no raciocínio.

"Sabemos o quanto é importante o brincar para o desenvolvimento infantil, no entanto, muitos pais e famílias não reconhecem o brincar como algo essencial para a criança ou até reconhecem, mas não sabem como propiciar condições, espaços e materiais", comenta. "Na verdade, não é preciso muito, mas é necessário estimular."

O que não significa largar as crianças e os adolescentes nos eletrônicos. "A criança passa horas sozinha no quarto ou na sala, cada um com seu equipamento eletrônico, no seu mundinho e a criança no brincar solitário, o que não é bom. Uma criança que passa horas assim pode estar desenvolvendo problemas de comunicação e relacionamento interpessoal, é importante que os pais fiquem atentos a essa questão", explica a psicopedagoga.

Vale investir na criatividade e em momentos em família, a dica é resgatar brincadeiras da infância. Com uma folha de papel dá para brincar de *stop*. Em casa, também é possível resgatar soletrando, jogo da velha, teatro, dramatização com fantasias (objetos que tem em casa, a roupa dos pais). Em um ambiente externo, como um parque, é possível brincar de amarelinha, rodas, ciranda, pega-pega.

"Resgatar jogos de tabuleiro para ativar áreas do cérebro diferentes daquelas usadas pelos eletrônicos, que as crianças estão tão acostumadas", explica. "Jogos como pega varetas, dama, dominó também são importantes para o desenvolvimento cognitivo, assim como os blocos de montar."

[...]

Disponível em: https://noticias.r7.com/educacao/brincar-e-fundamental-para-o-desenvolvimento-diz-especialista-12102021. Acesso em: 22 abr. 2022.

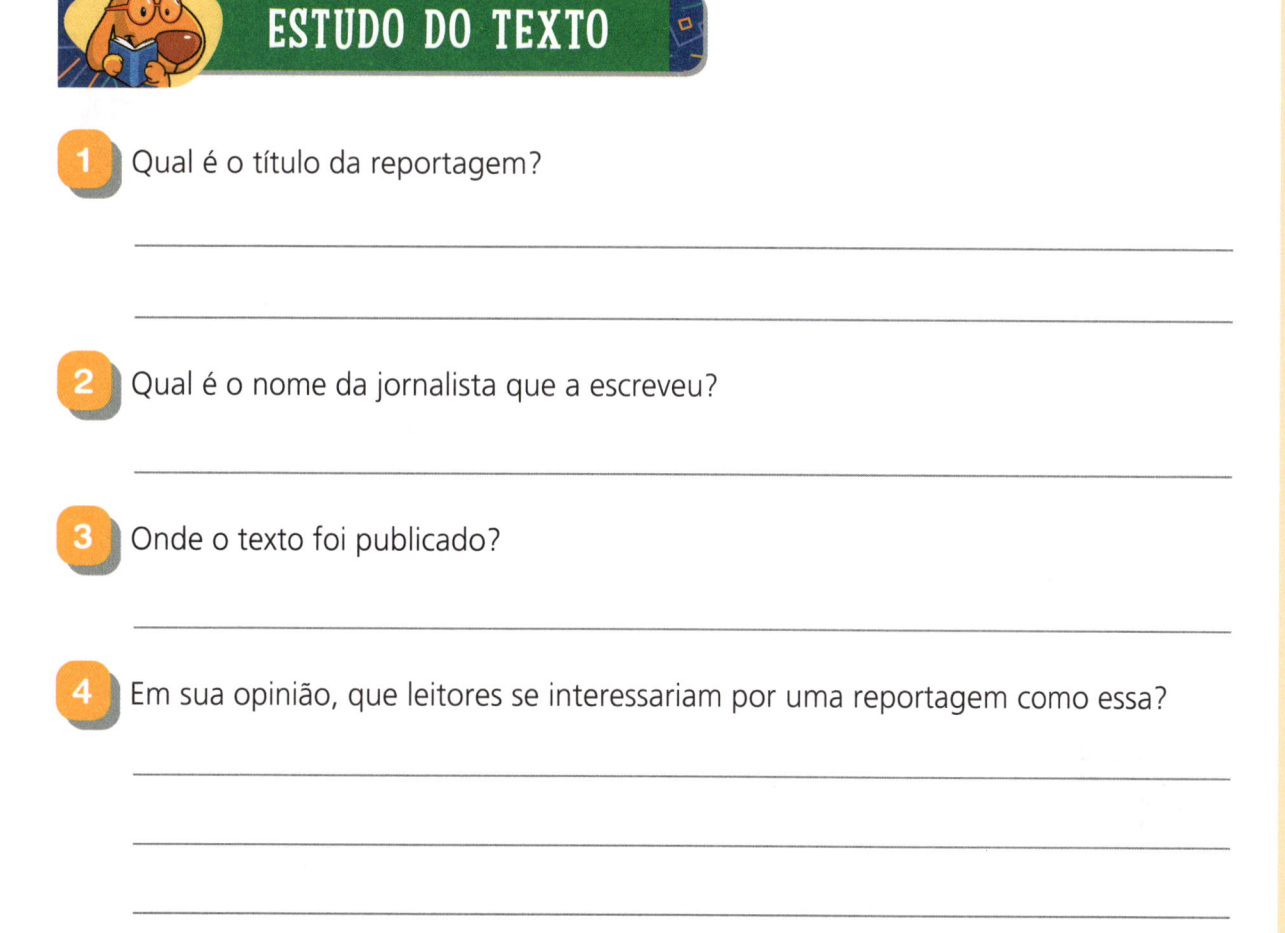

ESTUDO DO TEXTO

1 Qual é o título da reportagem?

2 Qual é o nome da jornalista que a escreveu?

3 Onde o texto foi publicado?

4 Em sua opinião, que leitores se interessariam por uma reportagem como essa?

Reportagem é um gênero textual escrito por um jornalista ou repórter que pesquisa informações sobre um fato real.
O **assunto da reportagem** – também chamado de **matéria** – não envelhece; pode ser lido vários anos depois e mesmo assim continua interessante. A linguagem utilizada nesse tipo de texto pode variar entre mais formal e menos formal, devendo ser clara, objetiva, dinâmica e adequada ao público a que se destina.

5 As informações obtidas pela jornalista para compor a reportagem partem de fatos reais ou imaginados por ela? Como você chegou a essa conclusão?

_____

_____

_____

6 Qual é a ideia central desse texto?

_____

7 Informe se os trechos reproduzidos abaixo constituem argumentos a favor ou contrários ao "brincar".

a) "O brincar é isso: ajuda a criança a organizar o seu pensamento, desenvolver as funções executivas, planejar e organizar a brincadeira e brincar é fundamental para o desenvolvimento das crianças"

_____

b) "Jogos como pega varetas, dama, dominó também são importantes para o desenvolvimento cognitivo, assim como os blocos de montar."

_____

8 Dos benefícios listados pela autora como resultantes do brincar, qual ou quais você acha mais importante(s)?

_____

_____

Normalmente, uma reportagem se estrutura da seguinte forma:
- A **manchete** ou **título principal** revela o assunto principal que será tratado na notícia.
- O **subtítulo** ou **linha fina** acrescenta algumas informações que complementam o título.
- O **lide** resume os fatos geralmente no primeiro parágrafo e, às vezes, até no segundo. Nessa parte, precisamos encontrar informações que respondem às perguntas: *Onde aconteceu o fato? Com quem? O que aconteceu? Quando? Como? Por quê? Qual foi o assunto?*
- No **corpo da reportagem** o jornalista dá detalhes de como tudo ocorreu, por meio de novas informações ou depoimentos. Muitas vezes, o fato noticiado vem acompanhado por uma foto e legenda.

UM TEXTO PUXA OUTRO

Você já ouviu falar no Estatuto da Criança e do Adolescente (ECA)? É um documento que reúne as leis específicas que garantem os direitos e deveres de crianças e adolescentes aqui no Brasil. Leia com os colegas alguns artigos do ECA.

Capítulo II
Do Direito à Liberdade, ao Respeito e à Dignidade

Art. 15. A criança e o adolescente têm direito à liberdade, ao respeito e à dignidade como pessoas humanas em processo de desenvolvimento e como sujeitos de direitos civis, humanos e sociais garantidos na Constituição e nas leis.

Art. 16. O direito à liberdade compreende os seguintes aspectos:

I – ir, vir e estar nos logradouros públicos e espaços comunitários, ressalvadas as restrições legais;

II – opinião e expressão;

III – crença e culto religioso;

IV – brincar, praticar esportes e divertir-se;

V – participar da vida familiar e comunitária, sem discriminação;

VI – participar da vida política, na forma da lei;

VII – buscar refúgio, auxílio e orientação.

Art. 17. O direito ao respeito consiste na inviolabilidade da integridade física, psíquica e moral da criança e do adolescente, abrangendo a preservação da imagem, da identidade, da autonomia, dos valores, ideias e crenças, dos espaços e objetos pessoais.

Art. 18. É dever de todos velar pela dignidade da criança e do adolescente, pondo-os a salvo de qualquer tratamento desumano, violento, aterrorizante, vexatório ou constrangedor.

Art. 18-A. A criança e o adolescente têm o direito de ser educados e cuidados sem o uso de castigo físico ou de tratamento cruel ou degradante, como formas de correção, disciplina, educação ou qualquer outro pretexto, pelos pais, pelos integrantes da família ampliada, pelos responsáveis, pelos agentes públicos executores de medidas socioeducativas ou por qualquer pessoa encarregada de cuidar deles, tratá-los, educá-los ou protegê-los.

Fonte: LEI n. 8.069, de 13 de julho de 1990.
Disponível em: https://bit.ly/2mrE0zD. Acesso em: 16 jul. 2022.

1 Qual direito é garantido pelo artigo **18-A** às crianças e aos adolescentes?

_____
_____
_____
_____

2 Procure o significado da palavra **logradouro** no dicionário. Depois, copie nas linhas abaixo o significado que for adequado à palavra **logradouro** neste trecho da Lei.

> Art. 16. O direito à liberdade compreende os seguintes aspectos:
> I – ir, vir e estar nos **logradouros** públicos e espaços comunitários, ressalvadas as restrições legais; [...]

_____
_____
_____
_____

3 Quais dos direitos presentes no Estatuto da Criança e do Adolescente (ECA) se relacionam com a reportagem que você leu no início da lição? Escreva como você tem exercido esse direito no seu dia a dia.

_____
_____
_____

EU GOSTO DE APRENDER MAIS

Leia um texto informativo sobre o ECA.

ECA: conheça o Estatuto da Criança e do Adolescente!

Por que foi criado?

Na década de 70, surgiu o Código de Menores, uma lei de proteção aos menores — ao menos em teoria. De acordo com seu primeiro artigo, ele dispunha sobre assistência, proteção e vigilância a menores de até 18 anos em situação irregular.

Fruto de uma época autoritária, visto que estávamos em plena Ditadura Militar, não demonstrava preocupação em compreender e atender à criança e ao adolescente. De acordo com o entendimento da época, o "menor em situação irregular é aquele que se encontrava abandonado materialmente, vítima de maus-tratos, em perigo moral, desassistido juridicamente, com desvio de conduta ou o autor da infração penal". [...]

Qual é a sua importância?

A Constituição Federal estabeleceu a família, a sociedade e o Estado como responsáveis pela formação e estruturação dos indivíduos, conforme dispõe o artigo 227:

Art. 227. É dever da família, da sociedade e do Estado assegurar à criança, ao adolescente e ao jovem, com absoluta prioridade, o direito à vida, à saúde, à alimentação, à educação, ao lazer, à profissionalização, à cultura, à dignidade, ao respeito, à liberdade e à convivência familiar e comunitária, além de colocá-los a salvo de toda forma de negligência, discriminação, exploração, violência, crueldade e opressão.

É o reconhecimento das crianças e dos adolescentes como sujeitos de direitos protegidos pela lei. A importância do ECA deriva exatamente disso: reafirmar a proteção de pessoas que vivem em períodos de intenso desenvolvimento psicológico, físico, moral e social.

Portanto, veio para colocar a Constituição em prática. Essa prática, conforme nossa Lei Maior, dá-se pelo Estado, por meio da promoção de programas de assistência integral à saúde da criança, do adolescente e do jovem, sendo também admitida a participação de entidades não governamentais, mediante políticas específicas.

Fonte: ChildFund. *ECA*: conheça o Estatuto da Criança e do Adolescente. Disponível em: https://bit.ly/2LzcRWn. Acesso em: 6 ago. 2022.

- Discuta com os colegas e o professor a seguinte questão: é importante ter uma lei que assegure os direitos e deveres das crianças e dos adolescentes? Por quê?

ESTUDO DA LÍNGUA

Conjunções

Conjunção é um elemento que serve de ligação entre palavras e orações.

Conheça algumas conjunções e as relações que elas podem estabelecer:

Nome	Estabelece relação de	Conjunções	
Aditiva	soma, adição	e nem bem como não só... como também não só... mas também	
Adversativa	oposição, contraste	mas porém contudo entretanto todavia	
Causal	causa	que como visto que	porque pois que uma vez que
Temporal	tempo	quando antes que logo que desde que assim que mal (= assim que)	enquanto depois que todas as vezes que sempre que agora que
Condicional	condição	se contanto que a não ser que a menos que	caso salvo se desde que sem que
Final	finalidade	para que que	a fim de que porque (= para que)

294

ATIVIDADES

1 A tirinha a seguir mostra o desespero de Calvin, personagem criado pelo ilustrador e autor Bill Watterson, ao ter seu tigre de estimação roubado por um cachorro.

Quadrinho 1: MÃE, MÃE! UM CACHORRÃO ME DERRUBOU E ROUBOU O HAROLDO!

Quadrinho 2: TENTEI PEGAR ELE DE VOLTA, MAS NÃO CONSEGUI E PERDI MEU MELHOR AMIGO!

Quadrinho 3: BEM, CALVIN, SE VOCÊ NÃO ARRASTASSE AQUELE TIGRE PRA TODO LUGAR, COISAS COMO ESSA NÃO ACONTECERIAM.

Quadrinho 4: SE VOCÊ JÁ ACHA O SEU PROBLEMA HORRÍVEL, ADICIONE UM POUCO DE CULPA E VEJA O QUE ACONTECE!

Bill Watterson. Calvin e Haroldo. *E foi assim que tudo começou.* São Paulo: Conrad, 2010. p. 91.

a) Que fato a mãe de Calvin aponta como motivo para o roubo do tigre Haroldo?

b) No último quadrinho, como você interpreta a reação de Calvin à fala da mãe?

c) Que efeito de humor a tirinha provoca?

d) Identifique, no segundo quadrinho, uma conjunção que expresse oposição e outra que indique adição.

e) Copie do terceiro quadrinho uma frase que expresse condição. Dica: essa frase contém uma conjunção condicional.

295

2 Leia uma página extraída da publicação *ECA em tirinhas para crianças*, que traz informações sobre a primeira parte do ECA, na qual estão definidos os direitos da criança e do adolescente.

Ecaaaaaaaaaaaa!!!

ECA! ISSO ESTÁ ERRADO.

ECA, ENTRE EM AÇÃO.

CÂMARA DOS DEPUTADOS

Você já deve ter ouvido por aí alguém gritando "Eeeeeca!" depois de ver uma coisa suja, uma porcaria dessas bem nojentas. Agora que você sabe que ECA é também o apelido do Estatuto da Criança e do Adolescente e o montão de coisas que essa lei lhe garante, você deve gritar "ECA!" sempre que ficar sabendo de alguma injustiça cometida contra as crianças e os adolescentes.

Maria Amélia Elói e outros. *ECA em tirinhas para crianças*. 4. ed. Brasília: Edições Câmara, 2015. p. 27.

a) Você já ouviu alguém gritando "Ecaaaa!"?

_____

_____

b) No último quadrinho da história, em que sentido a palavra **ECA** foi utilizada?

_____

_____

3 Releia este trecho.

> Você já deve ter ouvido por aí alguém gritando "Eeeeeca!" **depois** de ver uma coisa suja...

A palavra destacada na frase indica:

☐ tempo.   ☐ lugar.   ☐ oposição.

4 Identifique no trecho abaixo duas palavras que dão indicação de tempo.

> Agora que você sabe que ECA é também o apelido do Estatuto da Criança e do Adolescente e o montão de coisas que essa lei lhe garante, você deve gritar "ECA!" sempre que ficar sabendo de alguma injustiça cometida contra as crianças e os adolescentes.

_____

5 Leia mais uma página reproduzida do *ECA em tirinhas para crianças*.

Saúde e prevenção: o ECA garante

Se uma criança ou adolescente ficar doente, ele tem o direito de ser atendido em hospital ou posto de saúde da rede pública. Se for preciso ficar internado, os pais poderão ficar o tempo todo perto do filho. Os hospitais devem facilitar esse acompanhamento.

O governo deve fazer programas de prevenção a doenças que costumam afetar a criançada. Também tem a tarefa de fazer campanhas para conscientizar a população sobre higiene e saúde e providenciar a vacinação obrigatória de todos os brasileirinhos. Ah! Deficientes, como o nosso amigo Vital, têm direito a receber atendimento especial na rede pública de saúde.

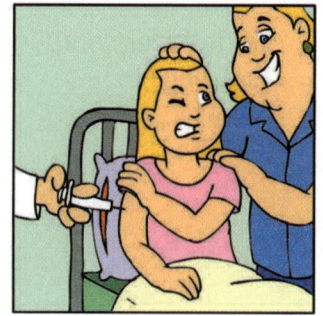

Maria Amélia Elói e outros. *ECA em tirinhas para crianças*. 4. ed. Brasília: Edições Câmara, 2015. p. 13.

a) De acordo com o texto, em que situação os hospitais devem facilitar o acompanhamento dos familiares para que fiquem o tempo todo perto do filho (criança)?

_____

_____

b) A palavra **se**, na frase "Se você ficar doente...", exprime:

☐ uma oposição.   ☐ uma adição.   ☐ uma condição.

c) Copie outra frase em que a palavra **se** expressa uma condição.

_____

_____

6 Releia este trecho do texto da página anterior.

> O governo deve fazer programas de prevenção a doenças que costumam afetar a criançada. Também tem a tarefa de fazer campanhas para conscientizar a população sobre higiene e saúde e providenciar a vacinação obrigatória de todos os brasileirinhos.

a) Com que finalidade o governo faz campanhas sobre higiene e saúde?

_____

_____

b) Reescreva o trecho substituindo a palavra **para** pela expressão **a fim de**.

"O governo [...] tem a tarefa de fazer campanhas **para** conscientizar a população sobre higiene e saúde [...]"

_____

_____

_____

c) O trecho copiado alterou o sentido após você ter substituído a palavra **para** pela expressão **a fim de**? Por quê?

_____

_____

_____

7 Observe o cartaz da Campanha Nacional de Proteção a Crianças e Adolescentes no Carnaval, lançada pelo governo federal.

RESPEITAR PROTEGER GARANTIR
Todos juntos pelos direitos das crianças e adolescentes

É hora de acabar com a violência contra a criança e o adolescente.

Baixe o App no seu celular. PROTEJA BRASIL

Disque 100 e denuncie.

Campanha Nacional de Proteção a Crianças e Adolescentes do governo federal.

Todos temos a responsabilidade de proteger nossas crianças e adolescentes. Disque 100 e denuncie qualquer sinal de violação dos seus direitos. **Baixe o aplicativo Proteja Brasil no seu celular.**

a) Com que objetivo essa campanha foi lançada?

_____

_____

_____

_____

b) Diante da violação dos direitos das crianças e dos adolescentes, que providências as pessoas que presenciam ou que sofrem esse fato devem tomar?

_____

_____

8 Na frase "Disque 100 e denuncie qualquer sinal de violação dos seus direitos", há duas informações em forma de recomendação.

a) Que informações são essas?

_____

_____

b) Que conjunção liga essas duas informações?

_____

c) Essa conjunção dá ideia de causa, adição ou contraste?

_____

9 Complete as frases com a conjunção adequada, conforme a relação indicada nos parênteses.

a) _____ você presenciar qualquer sinal de violação dos seus direitos, disque 100. (temporalidade – conjunção temporal)

b) Disque 100, _____ você presenciar qualquer sinal de violação dos seus direitos. (condicionalidade – conjunção condicional)

c) _____ denunciar sinais de violência contra crianças, disque 100. (finalidade – conjunção final)

ORTOGRAFIA

Uso de **por que**, **porque**, **por quê** e **porquê**

Leia o título de uma curiosidade sobre o mundo animal.

> **Por que o pica-pau bica a madeira?**
>
> Jim Bruce e outros. *Como? Onde? Por quê?* Trad. Carolina Caires Coelho. Barueri, SP: Girassol; Londres, ING Kingfisher Publications, 2007. p. 77.

Esse título é uma pergunta que vai ser respondida ao longo do artigo. Veja que as palavras **por** e **que** estão separadas. Se fôssemos escrever uma resposta curta para essa pergunta, poderíamos escrever uma frase como:

> **Porque** suas bicadas furam a casca das árvores onde estão as larvas de que ele se alimenta.

Nesse caso, escrevemos uma única palavra: **porque**.

Agora, digamos que o autor da curiosidade preferisse mudar a ordem dos termos e deixar o **por que** no final da frase. Seria preciso colocar um acento circunflexo no **que**:

> O pica-pau bica a madeira **por quê**?

Se o autor da curiosidade preferisse uma frase afirmativa em vez de uma pergunta no título, ele poderia criar uma frase como esta:

> Nesta curiosidade você descobrirá o **porquê** de o pica-pau bicar a madeira.

Depois do artigo **o**, **porquê** é um substantivo: escreve-se junto e com acento.

Podemos concluir que se escreve:

- **por que** no início de frases interrogativas;
- **por quê** no final de frases interrogativas;
- **porque** para dar uma causa, uma explicação em uma resposta;
- **porquê** quando a palavra significa "motivo, razão".

ATIVIDADES

1 A seguir, há outros títulos de curiosidades sobre o mundo animal. Complete-os com **por que**, **porque**, **por quê** ou **porquê**.

a) _____ os peixes vivem em cardumes?

b) _____ os pavões se exibem?

c) _____ os vaga-lumes brilham?

d) _____ as aranhas fazem teias?

2 Leia.

_____ **as tartarugas são tão lentas?**

As tartarugas andam devagar _____ não precisam de velocidade para pegar o almoço: elas comem grama! E não precisam ser rápidas para fugir do perigo _____ seus duros cascos as protegem como uma armadura.

Camila de la Bédoyère. *Perguntas e respostas curiosas sobre os animais*. Trad. Ana Uchoa. Barueri, SP: Girassol, 2019. p. 20.

a) Complete o título e a primeira frase do texto. Use **por que**, **porque**, **por quê** ou **porquê**.

b) Inverta a ordem das palavras do título, começando com "As tartarugas".

_____

c) O texto explica o _____ de haver tanto Silva no Brasil.

3 Complete com **por que**, **porque**, **por quê** ou **porquê**.

a) _____ você não me esperou?

b) Estou contente _____ tirei 10 na prova de História.

c) Você está chorando. _____?

d) Não entendi o _____ de tanta choradeira.

4 Transforme as frases afirmativas em interrogativas, usando **por que**.

a) Ele foi mal na competição.

_____

b) Está ventando muito.

_____

c) Algumas pessoas destroem a natureza.

_____

5 Responda a estas perguntas usando **porque**.

a) Por que não devemos jogar lixo no chão?

_____

b) Por que os animais devem ser respeitados?

_____

6 Agora, escreva frases usando **por que**, **porque**, **por quê** e **porquê**.

_____

_____

_____

Palavras com s e z finais

Leia as palavras dos quadros a seguir observando as letras finais **s** e **z**.

Escrevem-se com z			
altivez	chafariz	juiz	talvez
avestruz	embriaguez	paz	veloz
arroz	cuscuz	nariz	timidez
capataz	faz	capuz	perdiz
verniz	feliz	rapaz	vez
xadrez	cartaz	rapidez	giz

Escrevem-se com s			
adeus	duzentos	lilás	português
aliás	francês	marquês	pôs
através	freguês	mês	pus
bis	gás	óculos	simples
chinês	invés	ônibus	três
depois	lápis	país	trezentos

ATIVIDADES

1 Escreva as palavras e depois separe as sílabas.

avestruz _____

feliz _____

cartaz _____

rapidez _____

faz _____

timidez _____

2 Complete com **as**, **es**, **is**, **os** ou **us**. Depois, acentue as palavras, se necessário, e copie-as.

inv_____ ade_____

franc_____ pa_____

ali_____ ócul_____

chin_____ duzent_____

mã_____ caf_____

ri_____ ma_____

PRODUÇÃO DE TEXTO

Agora é sua vez de produzir uma reportagem.

Que tal escrever uma reportagem sobre pessoas ou grupos de pessoas que dedicam a vida protegendo crianças em situação de risco? Ou, sobre pessoas que motivam crianças e adolescentes que enfrentam problemas de saúde?

As reportagens serão expostas nos murais da escola, para que todos da comunidade escolar tenham acesso a essas informações.

Preparação

Forme um grupo com três ou quatro colegas. Escolham o assunto que será desenvolvido na reportagem e pesquisem sobre ele em jornais, revistas ou *sites* da internet.

No dia combinado, tragam todo o material para a aula. Cada um deve apresentar aos colegas o que descobriu de mais interessante sobre o assunto pesquisado.

Alguém fica responsável por anotar esses relatos.

Planejamento e criação

- Elaborem um ou dois parágrafos, expondo o que vocês descobriram sobre o assunto.
- Escrevam pequenos parágrafos abordando um aspecto do assunto.
- Separem esses parágrafos com intertítulos que atraiam a atenção do leitor.
- Redijam uma finalização.
- Depois, escrevam um título para a reportagem. Se for o caso, um subtítulo, complementando informações.
- Leiam e façam as correções necessárias: pontuação, ortografia, acentuação, inclusão de título e intertítulos, depoimentos etc. Atentem para o uso das palavras que estabelecem relação entre as partes do texto, como as conjunções e os pronomes.
- Observem as regras de concordância verbal e nominal na construção das frases.
- Usem uma linguagem mais formal na construção das frases e destaquem com aspas os trechos que se referirem a depoimentos.

Revisão e reescrita

- Troquem os textos entre os grupos e solicitem aos colegas que leiam a reportagem e deem opiniões. Peça ao professor que confira o texto antes da edição final.
- Façam a edição final, com letra legível e sem rasuras, para que todos os alunos possam ler o texto sem dificuldade. Se for possível, digitem-no.
- Ilustrem a reportagem com fotos ou desenhos (não se esqueçam das legendas).

Apresentação

Decidam como será a apresentação e façam um ensaio antes.

Não se esqueçam de que a apresentação oral da reportagem não é meramente uma leitura, mas uma exposição que deve prender a atenção dos ouvintes. Cuidem do tom de voz e da pronúncia das palavras.

Durante a apresentação dos colegas, respeitem o tempo deles, prestem atenção ao tema que escolheram e formulem perguntas ao grupo relativas à reportagem.

Avaliação

- A apresentação prendeu a atenção da turma ou gerou cansaço e desinteresse?
- O grupo agiu com sintonia, parecendo conhecer bem o texto transcrito?
- As informações apresentadas nas reportagens contribuíram para que você também refletisse sobre seus direitos como criança?

AMPLIANDO O VOCABULÁRIO

investir

(in-ves-**tir**): 1. Atirar contra pessoa ou coisa. Exemplo: *O touro investe contra o toureiro.*

2. Colocar alguém em determinado cargo. Exemplo: *O diretor investiu naquele rapaz e o fez gerente.*

3. Colocar dinheiro em negócio para ter lucro. Exemplo: *O pai investiu muito dinheiro na fábrica.*

inviolabilidade

(in-vi-o-la-bi-li-**da**-de): privilégio ou prerrogativa que não se pode desrespeitar, infringir ou transgredir.

negligência

(ne-gli-**gên**-cia): falta de atenção e cuidado.
Exemplo: *É dever da família colocar a criança a salvo da negligência.*

resgatar

(res-ga-**tar**): trazer de volta alguma coisa ou alguém. Exemplo: *A dica é resgatar as brincadeiras de infância.*

restrição

(res-tri-**ção**): limitação ou condição que a lei impõe ao livre exercício de um direito ou de uma atividade; ressalva.

vexatório

(ve-xa-**tó**-rio): que causa vergonha, humilhação.

LEIA MAIS

Receitas para brincar

Josca Aline Baroukh e Lucila Silva de Almeida. São Paulo: Panda Books, 2022.

Aprenda a fazer coisas divertidas, como sucos, biscoitos, tintas naturais, gravuras, massinhas, tear e jogos de tabuleiro... Há receitas para brincar na cozinha, brincar de fazer arte, brincar de tecer e brincar com jogos. E as autoras rechearam o livro de dicas e curiosidades. A hora é essa: brincar é bom demais!

Folclorices de brincar

Mércia Maria Leitão e Neide Duarte. São Paulo: Editora do Brasil, 2020.

Sabe aquelas brincadeiras que passam de geração em geração? Se você nunca experimentou, a hora é agora. Amarelinha, pião, pular corda e muito mais. O incrível nessa obra é que você também vai conhecer as obras de Ivan Cruz, que retrata essas brincadeiras que fazem parte da nossa cultura, fazem parte do folclore brasileiro. Texto e imagem são um presente rico em sensibilidade e diversão.

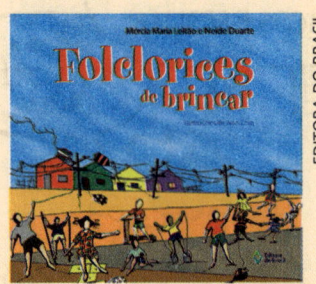

Site

Mapa do Brincar

Disponível em: https://mapadobrincar.folha.com.br/. Acesso em: 22 jun. 2022.

O *site* reúne muitas brincadeiras de todo o país.

ORGANIZANDO CONHECIMENTOS

1 Escreva uma frase afirmativa, uma frase negativa, uma frase exclamativa e uma interrogativa.

_____

_____

_____

_____

2 A tirinha abaixo traz o personagem Hagar, o guerreiro *viking* criado pelo cartunista Dik Browne. Leia-a.

Hagar, de Chris Browne, publicada no jornal *Folha de S.Paulo*, out. 2010.

a) Você consegue perceber humor nessa tirinha?

_____

b) A tirinha é composta por quatro balões, sendo que em dois deles há frases sem verbos e, nos outros dois, as frases constituem orações.
Complete o quadro abaixo com as falas da tirinha. Veja o exemplo:

Já engessei seus braços e pernas!	frase com verbo (oração)

3 Nas frases a seguir, sublinhe o sujeito, copie o núcleo e informe se o sujeito é simples ou composto.

> Toda responsabilidade está estreitamente ligada à obrigação e ao dever.
> Núcleo do sujeito: responsabilidade.
> **Sujeito**: simples

a) Jogos e atividades em grupo ensinam o sentido da responsabilidade às crianças.

___

b) A responsabilidade gera confiança e tranquilidade entre as pessoas.

___

c) Crianças devem ser responsáveis pelo modo como dividem seu tempo.

___

d) Toda criança deve ser responsável consigo mesma.

___

4 Elabore frases usando **a** ou **há**.

___

5 Relacione os nomes das conjunções apresentadas na primeira coluna com os exemplos da segunda coluna.

1	Aditiva		se, caso, contanto que, salvo se, a não ser que
2	Adversativa		quando, enquanto, antes que, depois que, logo que
3	Causal		para que, a fim de que
4	Temporal		que, porque, como, pois, que, visto que
5	Condicional		mas, porém, contudo, entretanto, todavia
6	Final		e, nem, bem como, não só... como também

6 Escreva frases utilizando as seguinte palavras ou expressões:

se não	
senão	
ao encontro de	
de encontro a	
porque	
por que	
por quê	
porquê	

310

REFERÊNCIAS

ARIONAURO Cartuns. Disponível em: http://www.arionaurocartuns.com.br. Acesso em: 22 jun. 2022.

BARRETO, Renato. Projeto Tamar apresenta: galera da praia. Disponível em: https://www.tamar.org.br/galera_da_praia.php. Acesso em: 22 jun. 2022.

BETO Carrero. Disponível em: https://www.betocarrero.com.br/atracoes/firewhip. Acesso em: 22 jun. 2022.

BIANCHI, Monique. Minha visita a Troia, a lendária cidade que foi invadida pelos gregos. Disponível em: https://turismonasuica.com/turquia/troia/visitando-troia-na-turquia/. Acesso em: 17 ago. 2022.

BIGIO, Mariane. *O baú de surpresas*. Fortaleza: IMEPH, 2015.

BRASIL. Lei n. 8.069, de 13 de julho de 1990. Disponível em: http://www.planalto.gov.br/Ccivil_03/leis/L8069Compilado.htm. Acesso em: 16 jul. 2022.

BRAZ, Júlio Emílio. *Sikulume e outros contos africanos*. Rio de Janeiro: Pallas, 2005.

BROWNE, Chris. Hagar. *Folha de S.Paulo*, out. 2010.

CAPPARELLI, Sérgio. *Come-vento*. Porto Alegre: L&PM, 1988.

BRUCE, Jim et al. *Como? Onde? Por quê?* Trad. Carolina Caires Coelho. Barueri, SP: Girassol; Londres, ING Kingfisher Publications, 2007.

CARRASCOZA, João Anzanello. A dança do arco-íris. Disponível em: https://novaescola.org.br/conteudo/3177/a-danca-do-arco-iris. Acesso em: 22 jun. 2022.

CASCUDO, Luís da Câmara. *Lendas brasileiras para jovens*. São Paulo: Global, 2010.

CHILDFUND. ECA: conheça o Estatuto da Criança e do Adolescente. Disponível em: http://www.childfundbrasil.org.br/blog/eca-estatuto-da-crianca-e-adolescente/. Acesso em: 6 ago. 2022.

CIÊNCIA Hoje das Crianças. Ciência também é coisa de menina. Disponível em: http://chc.org.br/artigo/ciencia-tambem-e-coisa-de-menina/. Acesso em: 6 ago. 2022.

_____. O censo da floresta. Disponível em: http://chc.org.br/o-censo-da-floresta/. Acesso em: 6 ago. 2022.

CLUB Grow. 9 Superjogos clássicos. Disponível em: https://www.megajogos.com.br/domino-online/regras. Acesso em: 15 jul. 2022.

COLASANTI, Marina. *Classificados e nem tanto*. Rio de Janeiro: Record, 2019.

CORDEL, Nando. Paz Pela Paz. Disponível em: https://www.letras.mus.br/nando-cordel-musicas/204823/. Acesso em: 20 jul. 2022.

COSTA, Henrique Caldeira. O vírus da vida. Disponível em: http://chc.org.br/artigo/o-virus-da-vida/. Acesso em: 15 abr. 2022.

DAVIS, Jim. Garfield. *Folha Cartum*. UOL. Disponível em: https://www1.folha.uol.com.br/ilustrada/cartum/cartunsdiarios/#4/5/2014. Acesso em: 20 jul. 2022.

DE LA BÉDOYÈRE, Camila. *Perguntas e respostas curiosas sobre os animais*. Trad. Ana Uchoa. Barueri, SP: Girassol, 2019.

DICIONÁRIO escolar da língua portuguesa: Academia Brasileira de Letras. São Paulo: Companhia Editora Nacional, 2008.

DUARTE, Marcelo. Guia dos curiosos. Disponível em: https://www.guiadoscuriosos.com.br/animais/curiosidades-sobre-as-girafas/. Acesso em: 15 abr. 2022.

DUNDER, Karla. 'Brincar é fundamental para o desenvolvimento', diz especialista. Disponível em: https://noticias.r7.com/educacao/brincar-e-fundamental-para-o-desenvolvimento-diz-especialista-12102021. Acesso em: 22 abr. 2022.

ELÓI, Maria Amélia et al. *ECA em tirinhas para crianças*. 4. ed. Brasília: Edições Câmara, 2015.

FIOCRUZ. Avestruz. Disponível em: http://www.fiocruz.br/biosseguranca/Bis/infantil/avestruz.htm. Acesso em: 15 abr. 2022.

G1. Relação entre animais de estimação e crianças traz série de benefícios. Disponível em: https://g1.globo.com/sao-paulo/sorocaba-jundiai/mundo-pet/noticia/relacao-entre-animais-de-estimacao-e-criancas-traz-serie-de-beneficios.ghtml. Acesso em: 22 jun. 2022.

GALVÃO, Jean. Disponível em: https://tiroletas.files.wordpress.com/2017/10/bf65d80c-47b8-452a-9680-859ff90f1d92.jpeg. Acesso em: 22 jun. 2022.

_____. *Folha de S.Paulo*. Disponível em: http://goo.gl/itjAa5. Acesso em: 20 abr. 2021.

GARANHUNS, Valdeck de. *Mitos e lendas brasileiros em prosa e verso*. São Paulo: Moderna, 2007.

GUARANI, Emerson; PREZIA, Benedito (orgs.). Relato do povo tupinambá do Rio de Janeiro, século XVI. *In*: A criação do mundo e outras belas histórias indígenas. São Paulo: Formato Editorial, 2011.

INSTITUTO de Engenharia. Dicas de boas maneiras e etiqueta para o uso do WhatsApp. Disponível em: https://www.institutodeengenharia.org.br/site/2018/03/19/dicas-de-boas-maneiras-e-etiqueta-para-o-uso-do-whatsapp/. Acesso em: 5 jun. 2022.

ITURRUSGARAI, Adão. *Kiki*: a primeira vez. São Paulo: Devir, 2002.

LAERTE. *Folha de S.Paulo*, 24 maio 2014. Folhinha.

MACHADO, Ana Maria. *Bisa Bia, Bisa Bel*. São Paulo: Salamandra, 2007.

MACHADO, Uirá. Guerra de Troia vira jogo de futebol em novo livro. *Folha de S.Paulo*. Folhinha. Disponível em: https://www1.folha.uol.com.br/folhinha/2014/05/1462562-guerra-de-troia-vira-jogo-de-futebol-em-novo-livro.shtml. Acesso em: 17 ago. 2022.

MAGALHÃES, Bruno. *Ciência Hoje das Crianças* (on-line). Disponível em: https://chc.org.br/a-incrivel-historia-do-cavalo-de-troia/. Acesso em: 15 jul. 2022.

MAÑERU, Maria. *Contos da Carochinha*: um livro de histórias clássicas. Barueri, SP: Girassol, 2014.

MARÇAL, Rafael. Rã Zinza e as mensagens de bom dia. Vacilândia. Disponível em: https://vacilandia.com/ra-zinza-e-as-mensagens-de-bom-dia/. Acesso em: 20 jul. 2022.

MEDINA, Vilma. Piadas de animais para crianças. Guia Infantil. Disponível em: https://br.guiainfantil.com/piadas-infantis/142-piadas-de-animais-para-criancas.html. Acesso em: 6 abr. 2022.

META. Unicef e SaferNet lançam campanha de Combate ao Bullying com apoio do Facebook e Instagram. Disponível em: https://about.fb.com/br/news/2019/04/unicef-e-safernet-lancam-campanha-de-combate-ao-bullying-com-apoio-do-facebook-e-instagram/. Acesso em: 17 ago. 2022.

MONTINO, Camila. Como jogar amarelinha: aprenda as regras básicas e 5 variações para se divertir no Dia das Crianças. Disponível em: https://paisefilhos.uol.com.br/crianca/como-jogar-amarelinha-aprenda-as-regras-basicas-e-as-cinco-variacoes-para-se-divertir-no-dia-das-criancas/. Acesso em: 5 ago. 2022.

MURRAY, Roseana. *Classificados poéticos*. São Paulo: Moderna, 2010.

OBEID, César. *CordelÁfrica*. São Paulo: Moderna, 2014.

PETERSEN, Tomás Mayer. Um resumo sobre o que foi a Guerra de Troia. Disponível em: https://revistagalileu.globo.com/Sociedade/Historia/noticia/2019/08/um-resumo-sobre-o-que-foi-guerra-de-troia.html. Acesso em: 20 jul. 2022.

PHILIP, Neil (org.). *Volta ao mundo em 52 histórias*. São Paulo: Companhia das Letrinhas, 1998.

PLENARINHO. Brincadeiras tradicionais. Disponível em: https://plenarinho.leg.br/index.php/2018/07/brincadeiras-tradicionais/. Acesso em: 5 ago. 2022.

PORTAL Gaz. A importância do consumo consciente na hora das compras. Disponível em: https://www.gaz.com.br/a-importancia-do-consumo-consciente-na-hora-das-compras/. Acesso em: 22 jun. 2022.

POVOS Indígenas no Brasil Mirim. Brincadeiras. Disponível em: https://mirim.org/pt-br/como-vivem/brincadeiras. Acesso em: 5 ago. 2022.

PREFEITURA de Patos de Minas. Posso responsável de animal de estimação é tema de ação educativa. Disponível em: http://patosdeminas.mg.gov.br/home/posse-responsavel-de-animal-de-estimacao-e-tema-de-acao-educativa/08/01/2021/. Acesso em: 14 abr. 2022.

PSICOBLOG. O Natal e o consumo compulsivo. Disponível em: https://g1.globo.com/sp/presidente-prudente-regiao/blog/psicoblog/post/o-natal-e-o-consumo-compulsivo.html. Acesso em: 22 jun. 2022.

RIBEIRO, Joyce. Brasil soma mais de 200 denúncias de violência contra idosos por dia. Disponível em: https://noticias.r7.com/cidades/brasil-soma-mais-de-200-denuncias-de-violencia-contra-idosos-por-dia-28032022. Acesso em: 22 jun. 2022.

RINALDI, Helena. Conheça a jovem que pode ser a primeira astronauta brasileira. Disponível em: https://www.jornaljoca.com.br/conheca-a-jovem-que-pode-ser-a-primeira-astronauta-brasileira/. Acesso em: 21 abr. 2022.

ROCHA, Jaime Fernando Villas da. Se a Lua está sempre inteira no espaço, como é que nem sempre é Lua cheia? Disponível em: http://chc.org.br/artigo/fases-da-lua/. Acesso em: 5 ago. 2022.

RODRIGUES, Pedro Eurico. Atenas. Disponível em: https://www.infoescola.com/historia/atenas/. Acesso em: 3 jun. 2022.

ROGER. Me dá um olá. Disponível em: https://www.letras.mus.br/ultraje-a-rigor/67494/. Acesso em: 15 jul. 2022.

SANTOS, Cleber. Obesidade canina: como reconhecer e ajudar seu pet? Disponível em: https://saude.abril.com.br/coluna/com-a-palavra/obesidade-canina/. Acesso em: 15 abr. 2022.

SANTOS, Theobaldo Miranda. *Lendas e mitos do Brasil*. São Paulo: Ibep, 2013.

_____. *Lendas e mitos do Brasil*. São Paulo: Ibep, 2013.

SILVA, Emanoela Cargnin da. Uma boa história, um bom contador, uma criança e a imaginação: características da contação de histórias. Disponível em: https://educacaopublica.cecierj.edu.br/artigos/21/22/uma-boa-historia-um-bom-contador-uma-crianca-e-a-imaginacao-caracteristicas-da-contacao-de-historias. Acesso em: 17 ago. 2022.

SOU MÃE. As 10 melhores piadas para crianças. Disponível em: https://soumamae.com.br/as-10-melhores-piadas-para-criancas/. Acesso em: 5 jun. 2022.

SUPERINTERESSANTE, São Paulo, Abril, ed. 132, set. 1998.

_____. Qual a origem do guarda-chuva. Disponível em: https://super.abril.com.br/historia/quarda-chuva/. Acesso em: 7 ago. 2022.

TOKARNIA, Mariana. Estudo mostra benefícios de contar histórias para crianças. Disponível em: https://agenciabrasil.ebc.com.br/saude/noticia/2021-06/estudo-mostra-beneficios-de-contar-historias-para-criancas. Acesso em: 21 abr. 2022.

VASCONCELOS, Yuri. Quem é mais lento: a tartaruga, a lesma ou o caramujo? Disponível em: https://super.abril.com.br/mundo-estranho/quem-e-mais-lento-a-tartaruga-a-lesma-ou-o-caramujo/. Acesso em: 15 abr. 2022.

WATTERSON, Bill. *Calvin e Haroldo*. E foi assim que tudo começou. São Paulo: Conrad, 2010.

WISDOM RIDES. Dois tipos de montanha-russa Parte II. Disponível em: http://wisdomrides.blogspot.com/2007/06/. Acesso em: 22 jun. 2022.

Coleção

Eu gosto m@is

ALMANAQUE

ALMANAQUE

Oficina de texto

JORNAL

NOME DO JORNAL, DATA, ANO

MANCHETE

RESUMO DA NOTÍCIA
PRINCIPAL (MANCHETE).

COLE UMA FOTOGRAFIA OU ILUSTRAÇÃO SOBRE A
NOTÍCIA PRINCIPAL (MANCHETE).

LEGENDA

C1 - EDITORIAL
C2 - MINHA CIDADE
C3 - MINHA ESCOLA
C4 - MEIO AMBIENTE
C5 - MUNDO
C6 - CULTURA
C7 - LAZER
C8 - ESPORTE

ÍNDICE DE CADERNOS

TÍTULOS E CHAMADAS PARA OUTROS ASSUNTOS,
COM INDICAÇÃO DE CADERNO.

NOME DO JORNAL, DATA, ANO

Editorial

ALMANAQUE

Redatores

Ilustradores

Dica do mês

315

Parte integrante da Coleção Eu gosto m@is – Língua portuguesa 5º ano – IBEP.

NOME DO JORNAL, DATA, ANO

Minha Cidade

Problemas da cidade

NOTÍCIA PRINCIPAL

O que pode melhorar na cidade?

OPINIÃO DO LEITOR

NOME DO JORNAL, DATA, ANO

Desafio: você conhece este lugar?

COLE UMA FOTOGRAFIA OU ILUSTRAÇÃO DE UM LUGAR
IMPORTANTE OU INTERESSANTE DE SUA CIDADE

LEGENDA

ALMANAQUE

ALMANAQUE

NOME DO JORNAL, DATA, ANO

Minha Escola

Destaque

Você conhece?

COLE UMA FOTOGRAFIA OU ILUSTRAÇÃO DO ALUNO, FUNCIONÁRIO OU PROFESSOR QUE É DESTAQUE DO MÊS.

NOME DO JORNAL, DATA, ANO

Programe-se

COLE UMA FOTOGRAFIA OU ILUSTRAÇÃO SOBRE SUA ESCOLA.

LEGENDA

Fofoca!

ALMANAQUE

NOME DO JORNAL, DATA, ANO

Meio ambiente

Boas Notícias

Más Notícias

Vale a pena conhecer

Nome: _____

Hábitat: _____

Alimentação: _____

Reprodução: _____

Curiosidade: _____

COLE UMA FOTOGRAFIA OU ILUSTRAÇÃO DO ANIMAL.

LEGENDA

ALMANAQUE

ALMANAQUE

NOME DO JORNAL, DATA, ANO

MUNDO

DESTAQUE

COLE UMA FOTOGRAFIA OU ILUSTRAÇÃO DO TEMA EM DESTAQUE.

LEGENDA

Cole aqui uma foto ou ilustração sobre a notícia.

LEGENDA

ALMANAQUE

NOME DO JORNAL, DATA, ANO

CULTURA

LIVROS

ENQUETE: QUAL O LIVRO PREFERIDO DOS ALUNOS DO _____ ANO?

NÃO DEIXE DE LER!

OPINIÃO DO LEITOR

COLE UMA FOTOGRAFIA OU ILUSTRAÇÃO DO LEITOR QUE DEU A OPINIÃO.

LEGENDA

ALMANAQUE

LIVROS

ENQUETE: QUAL O LIVRO PREFERIDO DOS ALUNOS DO _____ ANO?

_____
_____

NÃO DEIXE DE LER!

_____
_____
_____
_____
_____
_____
_____
_____

OPINIÃO DO LEITOR

_____
_____
_____
_____

COLE UMA FOTOGRAFIA OU ILUSTRAÇÃO DO LEITOR QUE DEU A OPINIÃO.

LEGENDA

ALMANAQUE

NOME DO JORNAL, DATA, ANO

LAZER

Em Cartaz

ENQUETE: QUAL O FILME PREFERIDO DOS ALUNOS DO _____ ANO?

_____

_____

_____

_____

_____

Assista em DVD

COLE UMA FOTOGRAFIA OU ILUSTRAÇÃO DO FILME.

LEGENDA

326

Parte integrante da Coleção Eu gosto m@is – Língua portuguesa 5º ano – IBEP.

Música, Teatro, Espetáculos

NOME DO JORNAL, DATA, ANO

Esporte

Aconteceu...

- No Mundo

- No Brasil

- Na minha cidade

COLE UMA FOTOGRAFIA OU ILUSTRAÇÃO DO ACONTECIMENTO ESPORTIVO DE SUA CIDADE.

LEGENDA

Adesivos para colar onde quiser

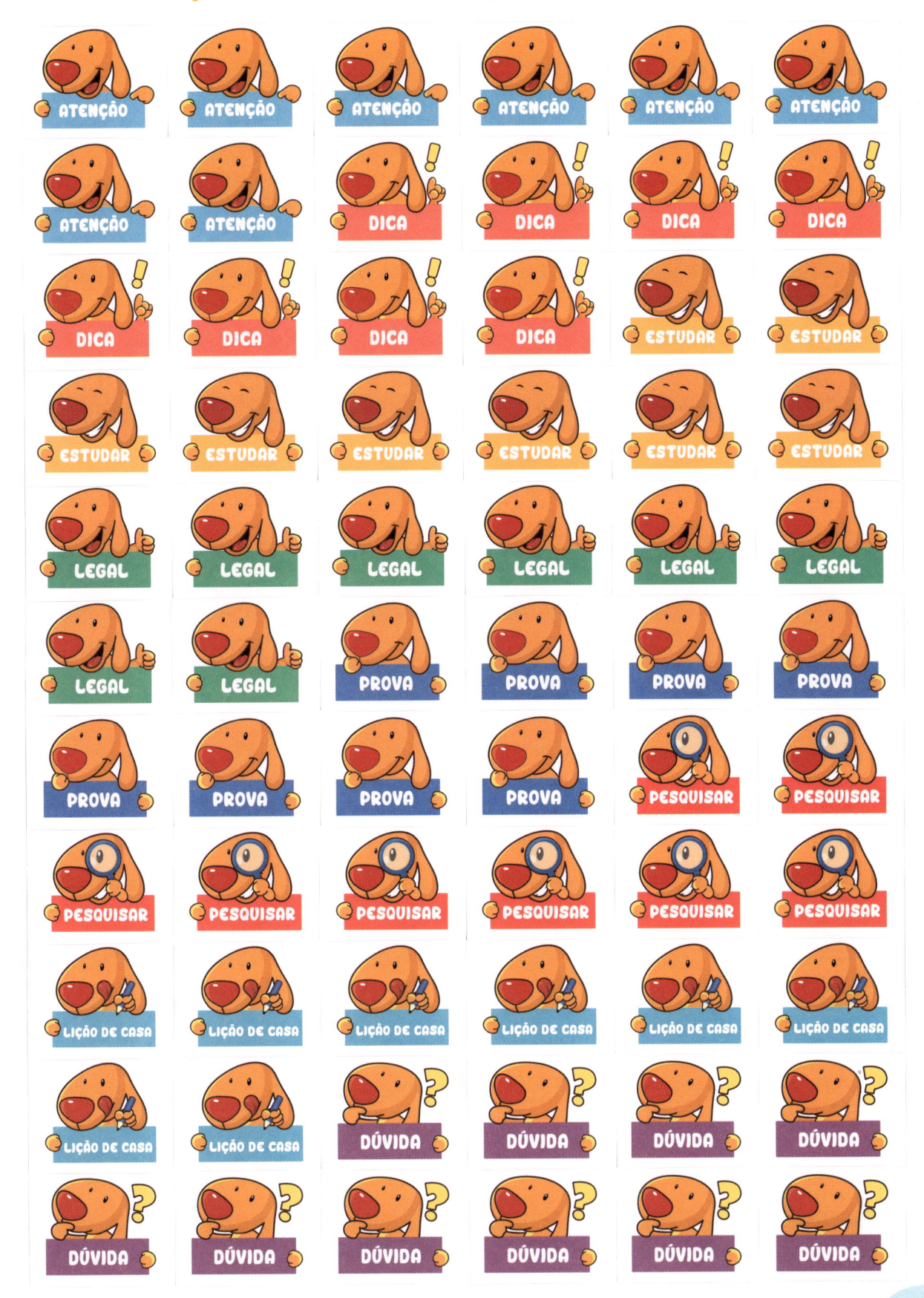

ADESIVOS

Adesivos para colar onde quiser

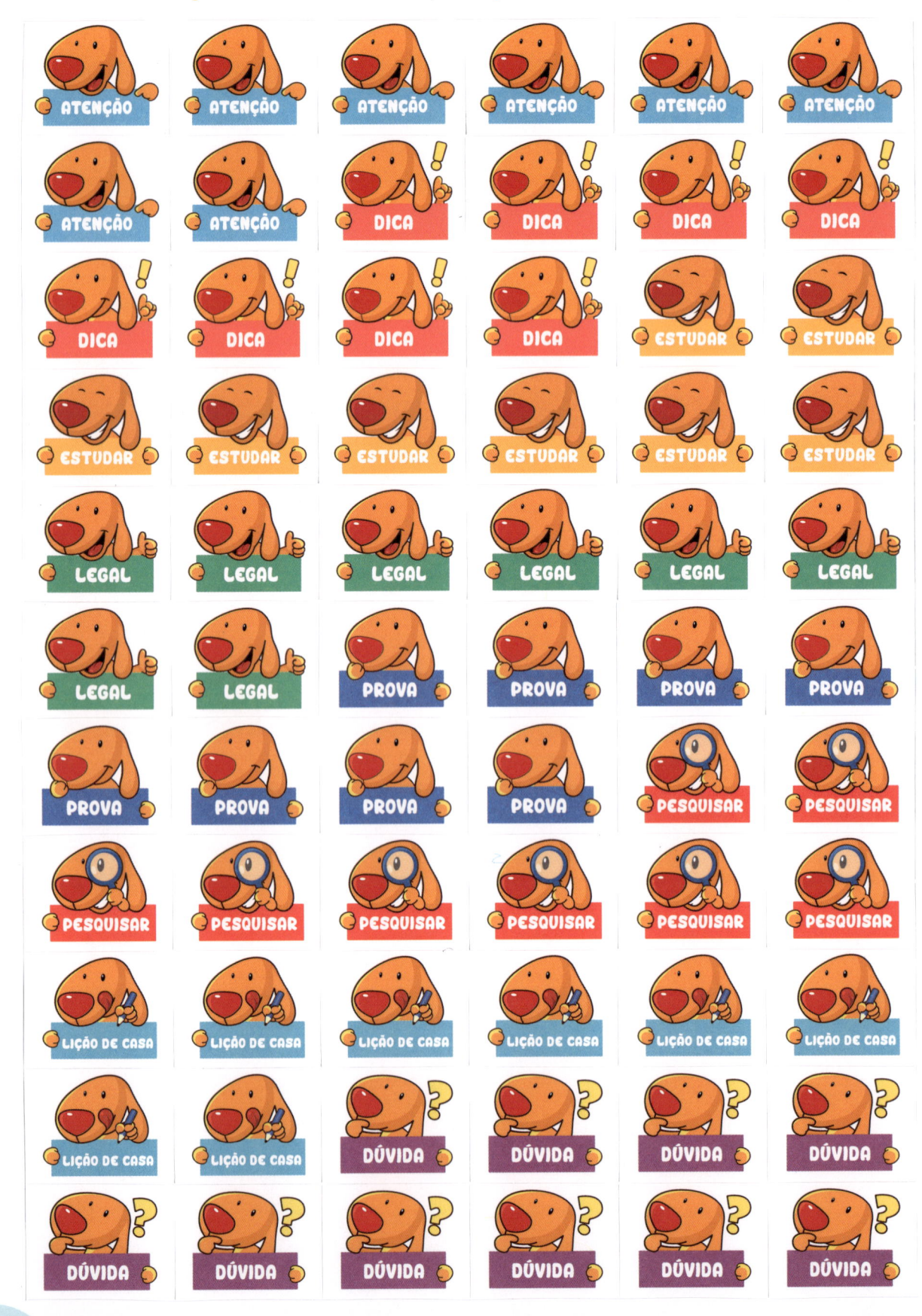